비즈니스모델
4.0

비즈니스모델 4.0

박대순 지음

━━━━━━━━ 저성장·대변혁의 파고를 어떻게 넘을 것인가

KMAC

비즈니스모델로 혁신하라

올림픽 종목의 하나인 높이뛰기는 처음엔 모두 다리를 가위처럼 벌리는 가위뛰기scissors jump 자세로 뛰었으나, 1895년 미국의 마이클 스위니가 이것을 변형한 이스턴 컷오프eastern cut-off 자세로 1미터 97센티, 1912년 조지 호라인이 옆으로 구르는 웨스턴 롤오버western roll-over 자세로 2미터 1센티, 1968년 딕 포스버리가 뒤로 넘는 배면뛰기backward jump 자세로 2미터 24센티를 기록했습니다. 그 후 1993년 쿠바의 하비에르 소토마요르가 이 자세로 수립한 2미터 45센티의 세계 기록이 아직 깨지지 않고 있습니다. 열심히 하는 것도 중요하지만 다르게 하는 것이 필요함을 강조하는 사례의 하나입니다.

비즈니스 하드에서 비즈니스 스마트로 변화가 시작되다

진화론을 창시한 찰스 다윈은 "가장 강한 종이나 가장 똑똑한 종이 아니라 변화에 가장 적응을 잘하는 종이 살아남는다"고 했습니다.

이는 비즈니스에도 적용되는 말입니다. 즉 끊임없이 변화하는 비즈니스 생태계에서도 이에 적응하는 기업만이 생존하고 성장합니다. 그러나 생물학적 변화와 진화는 천년, 만년, 억년을 거쳐서 일어나지만 비즈니스에서의 변화와 혁신은 빠르게는 몇 년, 몇 개월 만에 일어나기도 합니다. 한때 세계 1위의 위상을 자랑하던 소니, 노키아, 닌텐도 등이 급락하는 데는 그리 오랜 시간이 걸리지 않았습니다.

세계 시장에서의 경쟁은, 크게 보면 '더 싸게cheaper'에서 '더 좋게better' 그리고 '다르게different'로 패러다임이 바뀌어왔습니다. 우리나라 기업이 세계 시장에서 봉제, 완구, 신발 등을 수출하던 1960~1970년대에는 원가를 중심으로 한 '더 싸게'가 중요한 경쟁 무기였습니다. 1980~1990년대에는 품질을 중심으로 한 '더 좋게'가 경쟁의 초점이었습니다. 삼성이 1993년에 신경영선언을 하고 1994년에 불량품 화형식을 한 것이 그 대표적인 사건의 하나입니다.

2000년대 이후에는 차별화를 중심으로 한 '다르게'가 비즈니스 패러다임의 핵심이 되었습니다. 특히 2015년까지 차별적인 제품Different Product이 강조되어왔다면, 글로벌 차원의 저성장과 제4차 산업혁명의 대변혁이 본격화된 2016년부터는 차별적인 비즈니스모델Different Business Model이 더욱 강조되고 있습니다. 이것은 원가, 품질 및 제품의 혁신이 더 이상 중요하지 않다는 뜻이 아니라 그것만으로는 충분하지 않으며, 비즈니스모델이라는 더 큰 관점에서 남과 다르고 전과 다르게 사업을 하는 것이 중요함을 의미합니다.

만약 중소기업이 대기업이나 글로벌 기업과 경쟁하는 시장에서 그들과 같은 방식으로 싸운다면 결코 이길 수 없을 것입니다. 그러나 그들과 다른 방식으로 경쟁한다면 살아남거나, 더 나아가 이기는 길을 찾을 수도 있습니다. 또한 새로운 방식으로 비즈니스를 하는 것은 대기업이나 글로벌 기업끼리도 쉽게 모방하기 어려운 차별화와 경쟁력의 토대가 됩니다. 근래에 워크 하드work hard가 아닌 워크 스마트work smart를 강조하는 경향이 대두되었는데, 이와 마찬가지로 비즈니스모델 혁신은 비즈니스 하드business hard가 아닌 비즈니스 스마트business smart를 추구하는 것입니다.

1998년 일론 머스크와 함께 온라인 신용카드 결제 시스템인 페이팔PayPal을 설립해 2002년 15억 달러라는 거금을 받고 이베이에 매각한 피터 틸은 "성공한 기업은 모두 달라서 독특한 문제를 해결하고 독점을 구축한다. 실패한 기업은 모두 비슷비슷해서 경쟁을 벗어나지 못한다"라고 하며 차별적인 비즈니스모델의 중요성을 강조했습니다. 톰 피터스가 "성공하는 기업의 공통점은 그들 사이에 공통점이 없다는 것이다"라고 한 것도 그런 의미입니다.

프리챌은 지고 페이스북은 떠오르다

비즈니스 혁신에 대해서도 관점에 따라 다양한 구분이 제시되고 있습니다. 이 책에서는 이것을 기술 혁신, 프로세스 혁신, 제품 혁신,

그리고 비즈니스모델 혁신의 4가지 유형으로 구분해 살펴보겠습니다. 일반적으로 기술 혁신은 불가능했던 것을 가능하게 하는 것possible이고, 프로세스 혁신은 더 효율적으로 하는 것efficient이며, 제품 혁신은 더 큰 가치를 제공하는 것valuable이라고 할 수 있습니다. 반면에 비즈니스모델 혁신은 어떻게 사업을 해야 시장에서 생존하고 성장할 수 있는가에 관한 것viable입니다.

기술 자체만으로는 고객을 위한 가치를 창출하지 못하고, 제품 자체만으로도 기업을 위한 가치를 획득하지 못합니다. 기술은 제품을 통해 고객을 위한 가치를 창출하고, 제품은 비즈니스모델을 통해 기업을 위한 가치를 획득하게 된다는 의미입니다. 동일한 기술과 제품에 대해서도 다양한 비즈니스모델로 사업을 전개할 수 있습니다. 그리고 어떤 비즈니스모델을 선택하느냐에 따라 성과에 큰 차이가 나게 됩니다.

소니의 베타 방식은 성능이 우수한 비디오카세트 레코더였음에도 불구하고 콘텐츠를 강화한 JVC의 VHS 방식에 밀려 2002년 일반용 사업을 중단했습니다. 2003년에 시작한 전자책도 이와 비슷한 이유로 아마존의 킨들과 애플의 아이패드에 밀려 2014년 미국과 유럽에서 사업을 철수했습니다. 래리 페이지와 세르게이 브린은 페이지랭크PageRank라는 새로운 검색 알고리즘을 개발해 1998년에 구글을 설립하고, 기존 포털과는 달리 첫 화면에 검색창만 있는 무료검색 서비스와 광고 수익 모델을 적용했습니다. 그때 두 사람이 단순히 기술을 라이선싱하거나 검색 서비스에 돈을 받으려고 했다면 지금의 구글은 탄생하지 않았을 것입니다.

우리는 아이러브스쿨 등으로 상징되는 소셜 미디어의 선도적인 나라였습니다. 특히 1999년 온라인 카페 서비스를 오픈한 프리챌은 무료 서비스를 토대로 국내 1위의 소셜 미디어로 부상했습니다. 그런데 2002년 프리챌이 커뮤니티마다 월 3,000원을 받는 유료화 정책을 시행하자 회원이 급속히 이탈합니다. 1년 만에 다시 무료로 전환했지만 끝내 경쟁력을 회복하지 못하고 2013년 사업을 종료하게 됩니다. 반면에 2004년 설립된 페이스북은 서비스를 무료로 제공하는 대신 광고, 수수료 등으로 수익을 창출하며 글로벌 기업으로 성장합니다.

돌이켜보면 우리나라에는 글로벌 비즈니스로 성장할 기회를 놓친 아쉬운 사례가 너무 많습니다. 아이리버가 애플이 될 기회를 놓치고, 삼성이 안드로이드를 가질 기회를 놓친 것도 대표적인 사례입니다. 이렇게 된 데에는 여러 가지 이유가 있겠지만, 공통적인 것은 모두 비즈니스모델의 관점이 미흡했다는 점입니다. 저성장과 대변혁의 시대가 다가온 지금 한국의 애플, 구글, 페이스북이 될 수 있는 기회를 또다시 놓쳐서는 안 될 것입니다. 이러한 관점에서 혁신의 전도사라고 불리는 게리 해멀은 "비즈니스모델 혁신은 자원이 부족한 신생 기업이 승리하고, 위기에 빠진 기존 기업이 재기할 수 있는 유일한 방법이다"라고 했습니다. 필자는 비즈니스모델 혁신이 이런 기업을 위한 '유일한 방법'이라고 생각하지는 않지만 '아주 중요한 방법'이라고 확신합니다.

제1차 산업혁명을 거치면서 가내수공업이 기계화된 공장을 기반으로 한 '비즈니스모델 1.0'으로 재탄생하고, 제2차 산업혁명을 거치면서 대량생산 체제를 중심으로 한 '비즈니스모델 2.0'으로 발전했습니다. 그리고 제3차 산업혁명을 거치면서 지식 정보화를 기반으로 한 '비즈니스모델 3.0'이 빅뱅을 일으킵니다. 이제 제4차 산업혁명과 더불어 새로운 비즈니스모델이 또 한 번의 빅뱅을 알리고 있습니다. 이전의 산업혁명과는 달리 글로벌 차원의 저성장이라는 새로운 환경에서 비즈니스가 대변혁을 맞이하고 있는 것입니다. 이것이 바로 필자가 지금부터의 비즈니스모델을 '비즈니스모델 4.0'이라고 부르는 이유입니다.

이 책에서는 우선 1장에서 비즈니스모델에 대한 기초적 이해를 공유하고, 이것을 토대로 2장에서는 비즈니스모델의 핵심 요소 9가지를 통해 혁신의 관점을 모색하겠습니다. 3장에서는 새롭게 떠오른 비즈니스모델을 유형별로 들여다보면서 전략적 의미를 분석해보겠습니다. 그리고 4장과 5장에서는 이러한 비즈니스모델을 설계하고 평가하고 실행하는 방법에 대해 설명하겠습니다. 이 과정에서 비즈니스모델 혁신을 통해 국제적 경쟁력을 갖추고 경제적 성과를 올리고 있는 국내외 기업의 다양한 사례를 살펴보겠습니다. 마지막으로 에필로그에서는 우리나라 기업이 장수하는 혁신 기업이 되기 위한 비결과 과제를 제시하고자 합니다.

contents

3장_비즈니스모델의 새로운 유형을 응용하라

4장_비즈니스모델의 디자인 기법을 활용하라

5장_ 비즈니스모델을 평가하고 실행하라

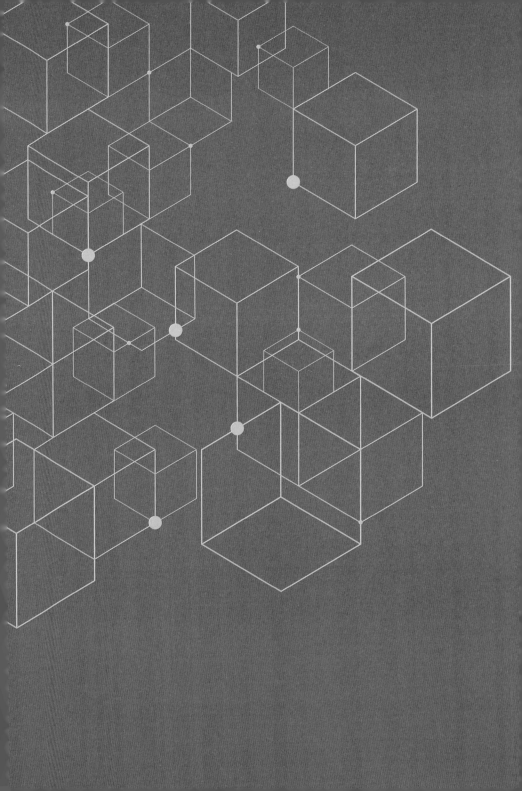

1장

비즈니스모델의
이해가 먼저다

끊임없이 학습하고 적응하면서
성공적인 비즈니스모델을 구축하는 능력이
차세대 리더의 잣대가 될 것이다.

– 클라우스 슈밥Klaus Schwab, 세계경제포럼 설립자

01
비즈니스모델의
기본 개념

구약성서 「창세기」에는 바벨탑을 쌓아 하늘에 닿으려고 했던 사람들의 이야기가 전해집니다. 신이 사람들의 오만한 행동에 분노해 언어를 다르게 하자, 오해와 혼돈에 빠진 사람들은 탑을 완성하지 못하게 됩니다. 경영도 마찬가지입니다. 혁신을 할 때 추구하는 것이 무엇인지를 정확하게 정의하지 못하면 이와 비슷한 일이 일어납니다. 비즈니스모델을 혁신하기 위해서는 모든 조직 구성원이 비즈니스모델이 의미하는 바를 명확히 이해하고 공유하는 것이 선행되어야 합니다.

비즈니스모델은 가치와 수익 창출의 통합적 메커니즘

'비즈니스모델'이라고 하면 많은 사람들이 수익 모델, 즉 어떻게 수익을 창출하는가에 관한 것이라고 생각합니다. 비즈니스가 결국 수익을 창출하기 위한 것이라고 하더라도 비즈니스에 대한 모든 생각이 수익의 창출에만 국한되면 혁신과 창조를 위한 사고가 제약을 받게 됩니다. 비즈니스모델은 수익의 창출을 포함해 시장과 경영이라는 좀 더 폭넓은 관점에서 비즈니스를 보고자 하는 것입니다. 비즈니스모델에 관한 베스트셀러 『비즈니스모델의 탄생Business Model Generation』에서 알렉산더 오스터왈더Alexander Osterwalder는 "비즈니스모델은 조직이 가치를 창출하고 전달하고 획득하는 원리"라고 정의했습니다. 풀어서 설명하자면, 비즈니스모델은 '고객에게 창출하는 가치, 가치를 전달하는 활동, 수익을 획득하는 구조의 통합적 메커니즘'을 의미하는 것입니다.

후견인 모델에서 개인전 모델로 바꾼 혁신가

〈알프스 산맥을 넘는 나폴레옹〉이라는 작품을 남긴 화가의 이름을 기억하십니까? 작품은 누구나 기억할 만큼 유명하지만 화가의 이름을 기억하는 사람은 많지 않습니다. 18세기 후반부터 19세기 초반에 이르는 프랑스 신고전주의의 대표적 화가 자크 루이 다비드Jacques Louis David입니다. 이탈리아의 메디치 가문이 학문과 예술을 지원해 르네상스 시대를 꽃피운 이래 능력 있는 화가들은 후견인의 요청과 후원

자크 루이 다비드의 <사비니 여인들의 중재>

을 받아 작품 활동을 해왔습니다. 다비드는 이러한 '후견인 모델'에서 벗어나 1799년에 〈사비니 여인들의 중재〉라는 작품을 독자적으로 그린 후 입장료를 받고 작품을 파는 전시회를 개최함으로써 '개인전 모델'을 도입한 최초의 화가입니다.

근래에 비즈니스모델이 경영과 전략에서 중요한 화두가 되고 있지만, 사실 비즈니스모델 혁신의 역사는 이와 같이 비즈니스 자체의 역사와 같이해 온 것입니다. 비즈니스모델 혁신은 고객에게 더 큰 가치를 제공하고, 기업은 더 큰 가치를 획득하기 위해 기존 사업의 비즈니스모델을 재편하거나 신규 사업의 비즈니스모델을 개발하는 일련의 접근 방법이라고 정의할 수 있습니다. 즉 비즈니스모델 혁신의 핵심은

'고객에게 창출하는 가치, 가치를 전달하는 활동, 수익을 획득하는 구조를 새롭게 고도화하는 것'입니다. 다비드가 누구를 위해 어떤 그림을 그리고, 어떻게 보여주고, 어떻게 팔 것인지를 혁신했던 것처럼 말입니다.

02
비즈니스모델의
전략적 의의

애플이 아이폰을 출시한 2007년에 노키아는 수십 가지 모델의 모바일 기기를 판매하고 있었고, 소니는 전자책, 게임기, 디지털카메라, 노트북, TV, 휴대폰, 음악, 영화 등의 사업을 하고 있었습니다. 애플은 노키아의 다양한 모바일 기기와 소니의 다양한 사업을 아이폰 하나에 담았습니다.

2007년 2분기에 판매를 시작한 아이폰은 2011년 4분기에 글로벌 휴대폰 시장에서 판매량 기준 9퍼센트, 판매액 기준 39퍼센트, 영업이익 기준 75퍼센트의 점유율을 차지했습니다. 스마트폰이 피처폰보다 훨씬 비싸고, 스마트폰 중에서도 아이폰이 가장 비싸기 때문에 판매량 기준에 비해 4배 이상 높은 판매액 기준의 점유율은 쉽게 이해할 수 있습니다. 그러나 75퍼센트에 이르는 영업이익 점유율은 원가나 가격만으로는 충분히 설명할 수 없습니다.

또한 애플은 2012년에 50억 달러의 매출로 글로벌 디지털 음악 시장의 4분의 3을 점유했습니다. 그해 4분기에 우리나라 사람이 BC카드로 애플에 결제한 금액이 해외의 모든 호텔과 식당에서 결제한 금액보다 많은 1억 9,000만 달러였습니다. 그 비결은 무엇일까요? 애플은 하드웨어, 소프트웨어 및 인터넷 서비스가 융합된 복합적 비즈니스모델을 전개하고, 그것을 바탕으로 높은 가격의 제품과 여러 가지 서비스로 부가수익을 창출한다는 점이 가장 중요한 이유일 것입니다.

음악 산업의 획기적 모델 아이팟과 아이튠즈

그 비밀을 좀 더 파헤치기 위해 애플의 새로운 역사가 시작된 2001년으로 거슬러 올라가보겠습니다. 1985년에 애플에서 쫓겨났던 스티브 잡스Steve Jobs는 1997년에 컴백해 2001년에 아이팟을 출시했습니다. 이 당시만 해도 MP3 플레이어 시장의 리더는 우리나라였습니다. 1998년에 새한정보시스템이 세계 최초로 MP3 플레이어를 개발했습니다. 이것을 인수한 아이리버가 2000년에 'iMP-100'을 출시해 MP3 시장의 강자로 부상했다가 아이팟이 등장하자 급속히 경쟁력을 상실하게 됩니다.

어떤 사람은 아이팟의 강점을 디자인에서 찾지만, 최초의 아이팟이 시장을 뒤흔들 정도의 멋진 디자인이었다고 보기는 어렵습니다. 그보다는 아이리버가 MP3 파일을 저장해 음악을 듣는 제품에 불과했다면, 아이팟은 아이튠즈와 함께 글로벌 음악 팬이 편리하게 음악을 경험할 수 있는 콘텐츠와 서비스를 제공했다는 점이 진짜 이유일 것입니다.

아이튠즈는 음원을 보유한 유수의 회사들과 제휴해 음악 팬이 전 세계의 많은 음악을 검색해서 들어보고, 구매해서 다운로드하고, 아이팟으로 쉽게 옮길 수

아이팟의 1세대 모델

있는 사이트이자 솔루션입니다. 편리하게 음악을 들을 수 있는 아이팟과 더불어 아이튠즈는 음악 산업에 획기적인 비즈니스모델을 제시한 것입니다. 이것을 통해 CD를 구매하던 음악 산업이 디지털 음원을 다운로드하는 패러다임으로 전환하면서 급속히 성장했고, 애플이 그 시장을 선도하며 지배하고 있습니다. 스티브 잡스가 "더 좋은 것으로는 충분하지 않다. 달라야 한다Better is not enough. Try to be different"라고 강조했는데, 그 정신이 오랫동안 애플의 슬로건이었던 '다르게 생각하라 Think different'가 되었습니다.

이와 같이 혁신적인 비즈니스모델을 무기로 세계 최고의 기업이 된 애플이지만, 지금 새로운 비즈니스모델로 무장한 많은 스타트업으로부터 도전을 받고 있습니다. 음악의 경우, 2006년 스웨덴에서 창업해 2011년 미국에 진출한 후 2018년 61개국에서 1억 9,000만 명의 회원을 확보한 스포티파이Spotify가 대표적입니다.

애플이 음악 산업의 패러다임을 CD에서 다운로드로 바꾸었다면, 스포티파이는 다운로드에서 스트리밍으로 바꾸어가는 선두주자입니다. 스포티파이는 광고를 듣는 무료 서비스와 광고가 없는 유료 서비스를 제공하는 형식으로 수익 모델을 운영하면서 음악 및 청취자와 관련된 데이터를 바탕으로 맞춤형 광고를 내보냅니다. 그리고 페이스북으로 로그인해 음악을 추천하고 공유할 수 있는 소셜 기능도 제공합니다. 음악 산업의 패러다임 변화를 선도했던 애플을 비롯해 구글과 삼성전자도 이제는 모두 스포티파이를 모방한 스트리밍 서비스를 합니다. 다른 한편에서는 애플, 구글, 아마존은 물론 우리나라의 많은 IT 대기업이 출시하는 인공지능 스피커가 세상 사람들이 음악을 듣는 라이프 스타일의 변화를 조용히 준비하고 있습니다.

비즈니스모델로 혁신한 애플과 자라

삼성은 2013년 2월에 동영상, 음악, 도서, 게임, 교육 등의 콘텐츠 몰을 스마트 허브Smart Hub라는 서비스로 통합하겠다고 발표했지만, 플랫폼과 콘텐츠의 기반이 취약했기 때문에 소기의 성과를 얻지 못합니다. 그래서 2014년부터는 단계적으로 독자적 사업을 종료하면서 서비스 사업자와 제휴하는 전략으로 전환하고 있습니다. 나아가 삼성 스마트폰은 아이폰이 출시된 지 5년 만인 2012년 1분기 이후부터 물량과 금액에서 애플을 추월했음에도 불구하고, 2001년에 오픈한 아이튠즈나 2008년에 오픈한 앱스토어를 2019년 현재에도 여전히 따라잡지 못하고 있습니다. 이러한 현상의 이면에는 바로 제품 중심의 삼성과 비즈니스모델 중심의 애플이라는 차이가 숨어 있습니다.

삼성그룹의 이건희 회장이 2014년 신년사에서 "5년 전, 10년 전의 비즈니스모델과 전략, 하드웨어적인 프로세스와 문화는 과감하게 버립시다. (중략) 지난 20년간 양에서 질로 대전환을 이루었듯이 이제부터는 질을 넘어 제품과 서비스, 사업의 품격과 가치를 높여나갑시다"라고 한 것은 바로 '더 싸게→더 좋게→다르게'로 이어지는 비즈니스모델의 관점을 반영한 것이라고 볼 수 있습니다.

LG그룹의 구본무 회장은 2016년 1월 글로벌 CEO 전략회의에서 "생산, 연구개발, 마케팅 등 모든 경영 활동을 제대로 재점검하고 혁신해 차별적 가치를 창출하는 사업 방식을 만들어야 한다"라고 했고, SK그룹의 최태원 회장은 2018년 신년사에서 "딥 체인지Deep Change라고 부를 수 있을 정도로 껍데기를 깨는 비즈니스모델의 파격적 혁신이 필요하다"고 강조했습니다.

IBM은 2004년부터 격년으로 글로벌 기업의 현안 과제와 대응 전략 등을 조사해 '글로벌 CEO 연구The Global CEO Study'를 발표하고 있습니다. 그 내용을 살펴보면, 비즈니스모델에 대한 글로벌 기업들의 관심이 점차 높아지고 있는 것으로 나타납니다. 특히 2006년 조사에서는 "비즈니스모델 혁신이 최고경영자의 최우선 과제가 되었다"라고 강조했습니다. 이와 더불어 「이코노미스트」(2005), BCG(2009), 맥킨지(2009) 등에서 실시한 많은 연구 조사에서도 비즈니스모델 혁신이 기술, 프로세스 및 제품 혁신에 비해 경영 성과에 미치는 영향이 훨씬 더 크다는 결론이 나온 바 있습니다.

비즈니스모델이 어떤 특정한 상황에만 적용되는 주제는 아닙니다. 수동적인 관점에서 보면, 경제적으로 움츠러든 고객들에게 적합한 가치는 새로운 기술이나 제품보다는 새로운 비즈니스모델을 통해서 창출되는 경우가 많습니다. 능동적인 관점에서 보면, 정치·경제·사회·기술적 상황에 변화가 있을 때 기존의 리더를 꺾는 새로운 도전자가 등장한 경우가 많습니다. 이런 점에서 특히 저성장과 대변혁의 시대인 오늘날 비즈니스모델의 의미가 크다고 할 수 있습니다.

아만시오 오르테가Amancio Ortega가 1974년에 설립한 스페인의 자라Zara는 의류의 기획, 조달, 생산 및 판매를 수직통합한 SPASpecialty Store Retailer of Private Label Apparel 방식으로 글로벌 1위에 오른 의류 회사입니다. 스테판 페르손Stefan Persson이 CEO인 스웨덴의 H&M과 야나이 타다시柳井正가 CEO인 일본의 유니클로Uniqlo가 그 뒤를 잇고 있습니다. 이 세 사람은 2016년 1월 1일을 기준으로 블룸버그가 꼽은 세계 부호 순위에서 2위, 27위, 39위에 오르기도 했는데, 특히 오르테가와 타다시는 자수성가한 사람입니다.

스웨덴, 스페인 및 일본은 당시 경기 침체로 어려움을 겪고 있었고, 의류 제조업은 선진국이 경쟁력을 잃은 산업이라는 점에서 이들은 많은 시사점을 줍니다. 이에 대해 타다시는 "사양산업이란 그 자체가 명쾌한 답을 던진다. 지금까지의 방식으로는 안 된다는 것이다"라고 말했습니다. 타다시가 의류 제조업이 사양산업이던 일본에서 당대에 글로벌 기업으로 성장하며 대부호의 반열에 오른 것은 바로 다른 방식으로 사업을 했기 때문입니다.

비즈니스모델이 전략적으로 중요한 이유를 한마디로 말하자면, 그것이 세 가지 원천이기 때문입니다. 첫째, 기술, 프로세스 및 제품에 비해 충분하게 인식되고 활용되지 못한 혁신의 원천이고, 둘째, 기술, 프로세스 및 제품에 비해 모방하고 극복하기 어려운 차별화의 원천이며, 셋째, 기술, 프로세스 및 제품에 비해 경영 성과에 미치는 영향이 큰 경쟁력의 원천이기 때문입니다.

03
비즈니스모델의
주요 방법론

크리스토프 조트Christoph Zott 등이 2011년에 조사한 바에 따르면, 비즈니스모델을 주제로 한 학술 잡지의 논문과 비학술 잡지의 기사는 1970년대 후반에 게재되기 시작해 1990년부터 증가하다가 1995년 이후 급증한 것으로 나타납니다. 이렇듯 비즈니스모델에 대한 학계와 재계의 관심이 높아지면서 비즈니스모델에 관한 이론적 틀도 수십 가지가 개발되고 있습니다. 액센츄어, BCG, 딜로이트 등의 컨설팅 회사, 게리 해멀Gary Hamel, 헨리 체스브로Henry Chesbrough, 클레이튼 크리스텐슨Clayton Christensen 같은 학자는 물론이고, 삼성경제연구소 등의 연구소까지 조금씩 다른 측면이나 요소를 강조하는 나름대로의 프레임워크를 제시했습니다.

이 중에서 이정표적인 모델을 몇 가지 살펴보면, 우선 마이클 포터Michael Porter의 '가치사슬분석'이 비즈니스모델에 관한 최초의 이론으로 일컬어집니다. 콘스탄티노스 마르키데스Constantinos Markides의 '전략 포지셔닝 맵'은 비즈니스모델의 핵심적 구성 요소를 체계화했고, 김위찬의 '전략 캔버스'는 비즈니스모델에 관한 지평을 넓혔다는 평가를 받으며 전 세계적인 관심을 고취시켰습니다. 그리고 알렉산더 오스터왈더의 '비즈니스모델 캔버스'는 실무적 방법론을 체계화했다는 평가를 받으며 가장 널리 사용되고 있습니다. 여기에서는 이 4가지 모델을 개괄적으로 살펴본 후, 2장과 4장에서 비즈니스모델 캔버스의 구성 요소와 작성 방법에 대해 심층적으로 알아보겠습니다.

가치사슬분석

포터가 1985년에 출간한 『경쟁 우위Competitive Advantage』에서 주창한 가치사슬분석Value Chain Analysis은 기업이 고객에게 가치를 창출하는 메커니즘을 본원적 활동과 지원적 활동으로 구분하고, 가치사슬의 연계를 통해 저비용의 효율화와 가치의 차별화를 추구하려는 모델입니다.

예를 들면 월마트는 '상시 저가 판매Everyday Low Price'를 추구하는 대형 할인마트의 비즈니스모델을 구현하기 위해 투입(물류 시스템), 운영(비도심 입지), 산출(창고형 매장), 마케팅(대용량 판매), 서비스(셀프 서비스)에 이르는 모든 본원적 활동과 지원적 활동을 저비용의 구현에 맞춥니다. 호주의 상업용 폭약 회사인 오리카Orica가 폭약 판매에 그치지 않고 암석 분석→굴착 작업→발파 작업에 이르는 맞춤형 마이닝 서비스mining service를 제공한 것처럼 가치사슬은 기업 내부적 개선뿐만

지원적 활동		기업하부구조		
		인적 자원관리		
		기술개발		
		획득 활동		
투입 물류 활동	운영 활동	산출 물류 활동	마케팅 판매 활동	서비스 활동

이윤

본원적 활동

▌ 가치사슬분석 ▌

아니라 기업 외부적 연장을 통해 혁신할 수도 있습니다.

전략 포지셔닝 맵

마르키데스가 1997년에 「전략적 혁신Strategic Innovation」이라는 논문에서 주창한 전략 포지셔닝 맵Strategic Positioning Map은 Who(목표 고객), What(가치 제안), How(운영 방식)의 조합을 재편함으로써 후발 기업이 선발 기업이 점유하지 않은 니치마켓을 발견하거나 도전 기업이 선도 기업과 다른 사업 영역을 개발하기 위한 모델입니다.

예를 들면 IBM이 개별 고객을 대상으로 표준형 모델을 생산해 매장에서 판매하던 PC 산업에서, 델Dell은 단체 고객을 대상으로 맞춤형 모델을 만들고 무점포 방식으로 선주문을 받은 후 생산했습니다. 제록스Xerox가 대기업을 대상으로 영업사원을 통해 대형 복사기를 임대

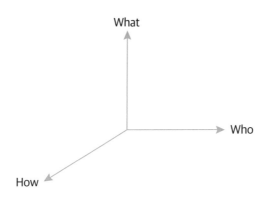

What

Who

How

‖ 전략 포지셔닝 맵 ‖

하던 복사기 산업에서, 캐논^{Canon}이 중소기업이나 개인을 대상으로 가전 판매점을 통해 소형 복사기를 판매한 것도 목표 고객, 가치 제안, 운영 방식의 재편을 통해 비즈니스모델을 혁신함으로써 마켓 리더가 된 사례입니다.

전략 캔버스

김위찬이 2005년에 출간한 『블루오션 전략$^{Blue\ Ocean\ Strategy}$』에서 주창한 전략 캔버스$^{Strategy\ Canvas}$는 가치 혁신을 통해 가치 제고와 비용 절감을 동시에 추구함으로써 경쟁이 없는 새로운 시장과 업태를 창출하기 위한 모델입니다. 전략 캔버스는 고객에 대한 가치 요소를 제거^{eliminate}하고 감소^{reduce}시키고 증가^{raise}하고 창조^{create}함으로써 경쟁 집단과 다른 형태의 새로운 가치 곡선을 창출하는 도구입니다.

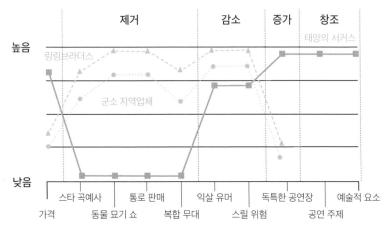

| '태양의 서커스'의 전략 캔버스 |

예를 들면 1984년에 설립된 캐나다의 '태양의 서커스Cirque du Soleil'는 동물은 등장하지 않고(제거), 위험한 요소는 줄이며(감소), 세련된 공연장에서(증가), 스토리가 있는(창조) '아트 서커스art circus'라는 새로운 공연 장르를 창조해 연간 10억 달러에 이르는 매출을 올리고 있습니다.

비즈니스모델 캔버스

오스터왈더가 2010년에 출간한 『비즈니스모델의 탄생』에서 주창한 비즈니스모델 캔버스Business Model Canvas는 조직이 가치를 창출하고 전달하고 획득하는 통합적 메커니즘을 9가지 요소로 구성된 캔버스로 분석하고 설계하는 모델입니다. 이 요소들을 간단하게 살펴보면,

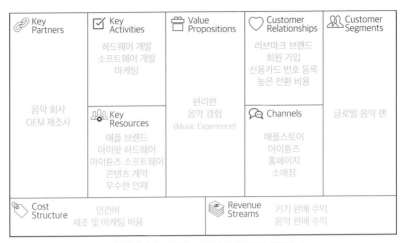

Key Partners	Key Activities	Value Propositions	Customer Relationships	Customer Segments
음악 회사 OEM 제조사	하드웨어 개발 소프트웨어 개발 마케팅	편리한 음악 경험 (Music Experience)	러브마크 브랜드 회원 가입 신용카드 번호 등록 높은 전환 비용	글로벌 음악 팬
	Key Resources		Channels	
	애플 브랜드 아이팟 하드웨어 아이튠즈 소프트웨어 콘텐츠 계약 우수한 인재		애플스토어 아이튠즈 홈페이지 소매점	

Cost Structure	Revenue Streams
인건비 제조 및 마케팅 비용	기기 판매 수익 음악 판매 수익

‖ 애플 '아이팟-아이튠즈'의 비즈니스모델 캔버스 ‖

'고객은 누구이며(고객 세그먼트), 어떤 가치를 제공하며(가치 제안), 어떤 채널을 활용하며(마케팅 채널), 고객과는 어떤 관계를 맺으며(고객 관계), 이를 통해 수익은 어떻게 창출하며(수익 흐름), 중요한 자원은 무엇이며(핵심 자원), 중요한 활동은 무엇이며(핵심 활동), 자원과 활동을 지원할 파트너는 누구이며(핵심 파트너), 이를 위해 어떤 비용이 발생되는가(비용 구조)'라는 것입니다.

예를 들면 애플은 음악을 사랑하는 전 세계의 많은 사람이(고객 세그먼트) 편리하게 많은 음악을 검색해서 들어보고, 구매해서 다운로드하고, 언제나 들을 수 있는 경험을 제공하기 위해(가치 제안) 애플스토어에서 아이팟을 판매하고 아이튠즈에서 음악을 판매하고(마케팅 채널), 고객은 카드번호를 등록해 수시로 음악을 구매하는 회원이 되며

(고객 관계), 아이팟과 음악의 판매로 수익을 창출하고(수익 흐름), 이를
위해 브랜드 이미지와 하드웨어 및 소프트웨어의 강점을 바탕으로(핵
심 자원), 제품 디자인과 마케팅에 주력하면서(핵심 활동), 제조 회사 및
음악 회사와 제휴해 제품을 생산하고 음원을 확보하며(핵심 파트너), 인
건비·생산비·판매비(비용 구조)를 훨씬 상회하는 매출을 실현하는 비
즈니스모델을 구축하고, 이를 아이폰–앱스토어 등으로 발전시켜온 것
입니다.

비즈니스모델 혁신은
자원이 부족한 신생 기업이 승리하고,
위기에 빠진 기존 기업이 재기할 수 있는
유일한 방법이다.

– 게리 해멀(Gary Hamel, 런던비즈니스스쿨 교수)

2장

비즈니스모델의
요소별 혁신을
모색하라

성공한 기업은 모두 달라서
독특한 문제를 해결하고 독점을 구축한다.
실패한 기업은 모두 비슷비슷해서
경쟁을 벗어나지 못한다.

– 피터 틸Peter Thiel, 페이팔 공동 설립자

01
고객
세그먼트

지금까지 세계에서 가장 많이 팔린 골프채 드라이버의 브랜드를 아십니까? 1991년부터 출시되고 있는 캘러웨이Callaway의 '빅버사Big Bertha' 시리즈입니다. 다른 회사가 골프를 치는 사람들이 좋아할 '더 멀리 나가는 드라이버'를 경쟁적으로 출시할 때, 캘러웨이는 골프를 치지 않던 사람이 좋아할 '더 치기 쉬운 드라이버'를 출시합니다. 특히 190cc 정도이던 드라이버의 헤드를 최대 허용 규격인 460cc까지 확대함으로써, 돈도 있고 시간도 있고 운동도 하지만 골프는 하지 않던 새로운 고객을 확보한 것입니다.

고객 세그먼트Customer Segments는

캘러웨이의 드라이버 '빅버사 460'

상이한 유형의 사람이나 조직 중에서 선정한 하나 또는 복수의 목표 고객을 의미합니다. 현재의 고객은 누구인가, 누가 가장 중요한 고객인 가, 누구를 위해 가치를 창출해야 하는가, 우리가 제공하는 것에 가치를 두는 다른 고객 세그먼트가 있는가, 누가 미래의 고객이 되어야 하는가 등의 질문을 통해 비즈니스모델의 혁신을 추구하는 것입니다.

모든 기업이 더 많은 고객을 확보하기 위해 치열하게 경쟁합니다. 이를 위해 매스마켓을 지향하기도 하고, 니치마켓을 찾아가기도 합니다. 최근에는 빅데이터를 이용해 시장을 세분화하고 독특한 목표 시장을 설정하기도 합니다. 모두 중요한 일입니다만, 비즈니스모델을 혁신하기 위해서는 캘러웨이처럼 새로운 관점에서 고객을 창출하는 것이 필요합니다. 그렇다면 새로운 고객은 어떻게 창출할 수 있을까요?

가장 기본적인 것은 비고객을 고객으로 유인하는 일입니다. 구매력은 있으나 구매 의사가 없고, 구매 의사는 있으나 구매 여건이 되지 않는 비고객도 정확한 니즈를 파악해 맞춤형 제품이나 보완적 서비스를 제공한다면 얼마든지 고객으로 유인할 수 있습니다.

벨기에 브뤼셀의 키네폴리스Kinepolis는 세계 최초로 멀티플렉스를 넘어 메가플렉스로 발전한 영화관입니다. 1988년 25개의 스크린을 보유한 초대형 영화관으로 오픈한 키네폴리스는 어린이 놀이방을 부대시설로 설치해 영화를 보기 어려웠던 아기 엄마를 고객층으로 흡수합니다. 또한, 네덜란드 암스테르담의 벨레뷔Bellevue 극장은 베이비시팅 전문 회사와 제휴해 아기 엄마가 영화를 예약하면 돌보미도 할인가로

비즈니스모델 4.0

보내줍니다.

우리나라의 롯데시네마와 CGV는 '엄마랑 아기랑' 프로그램을 시행하기도 했습니다. 엄마들끼리 아기를 데리고 영화를 볼 수 있는 시간을 배정하고 영화표 한 장에 두 개의 좌석을 제공하는 것입니다. 나이키Nike가 게임에 빠져 운동을 하지 않는 청소년을 대상으로 신발에 센서를 부착하고 스마트 기기와 연동시켜 운동, 게임 및 ICT를 융합한 나이키 플러스Nike+를 개발한 것도 보완적 서비스를 통해 고객을 유인한 멋진 사례 중 하나입니다.

두 번째는 B2B와 B2C의 경계를 허무는 것입니다. SAP의 설립자인 하소 플래트너Hasso Plattner는 "대상 고객을 B와 C로 나누어 자신을 한계에 가두는 일은 기업으로서 가장 피해야 할 일 중 하나다"라고 했습니다. 이런 관점에서 B2B는 물론 B2C 영역에서 시장을 개척해 SAP는 글로벌 소프트웨어 회사로 성장합니다. 역사적으로 볼 때 VTR, 컴퓨터, 프린터, 커피머신, 전자레인지 등 많은 제품이 B2B에서 B2C로 진화하면서 시장을 확대해왔습니다. B2C 시장으로의 진화는 제품의 기술적 혁신을 통해서 이루어지는 경우가 많지만, 고객을 보는 관점만 바꾸어 이루어지기도 합니다.

미국의 제약 회사 일라이릴리Eli Lilly가 1982년에 사람의 인슐린과 동일하고 순도가 100퍼센트인 휴물린을 개발했습니다. 일라이릴리는 이 휴물린을 처방권을 가진 의사와 병원에 판매했지만 기대만큼 성공하지는 못합니다. 반면에 덴마크의 노보노르디스크Novo Nordisk는

1985년에 1주일 투약분의 인슐린이 내장된 노보펜, 1989년에는 1회
용의 노보렛, 1999년에는 전자식 이노보를 개발했습니다. 그리고 만년
필 같은 멋진 디자인도 입혀서 환자에게 직접 판매합니다. 노보노르디
스크가 단순히 인슐린 제조 회사에서 세계 1위의 당뇨병 치료 회사로
성장한 것은 이와 같이 B2B와 B2C 고객을 보는 관점의 전환이 그 토
대가 되었던 것입니다.

　　마지막으로, 글로벌 BOP^{bottom of pyramid} 시장을 개척하는 것입니
다. '피라미드의 밑바닥'을 의미하는 BOP는 통상 연소득 3,000달러 미
만의 저소득층을 지칭하는 단어입니다. BOP는 세계 인구의 3분의 2를
차지하지만 구매력이 부족하기 때
문에 고객으로서가 아니라 도와주
어야 할 대상으로 인식하는 경우가
많습니다. 그러나 BOP는 총 규모가
5조 달러로 추정되는 거대한 잠재
시장입니다. 2010년에 타개한 프라
할라드^{C. K. Prahalad} 교수가 설파하기
도 했던 BOP 시장의 중요성은 많은
선진국이 저성장과 고령화의 문제
에 봉착하면서 새롭게 부각되고 있
습니다.

　　이러한 맥락에서 미국의 GE는

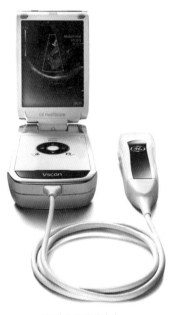

GE의 초음파진단기

2000년대 초에 BOP 시장을 신성장 동력의 한 축으로 설정합니다. 그리고 글로벌 경제에서 중국에 이어 급부상하고 있는 인도를 주요 목표 시장의 하나로 선정합니다. 휴대용 심전도계 'Mac400', 휴대폰 크기의 초음파진단기 'Vscan' 등을 개발해 인도 시장의 공략에 성공한 것은 잘 알려진 사실입니다. 이와 같이 구매력은 부족하지만 그 숫자가 막대한 BOP는 우리나라 기업이 해외로 진출할 때 놓쳐서는 안 될 중요한 시장입니다.

새로운 고객을 창출하라

피터 드러커Peter Drucker는 "비즈니스의 목적은 고객을 창출하는 것이다"라고 했습니다. 비즈니스모델을 구성하는 9가지 요소 중 하나인 고객 세그먼트는 나머지 8가지 요소에 영향을 미치는 가장 중요한 출발점입니다. 단순히 기존 시장을 세분화해 목표 시장을 설정하거나, 한정된 시장의 제로섬 게임처럼 고객을 쟁탈하는 것에서 탈피하면 어떨까요? 비고객을 고객으로 유인하고, B2B와 B2C의 경계를 허물며, 글로벌 BOP 시장을 개척해 남다른 비즈니스모델을 창출하기 바랍니다.

02
가치
제안

월마트에서 가장 많이 팔리는 쥐덫이 어떤 것인지 아십니까? 가장 튼튼한 것일까요, 가장 싼 것일까요? 아니면 가장 예쁜 것일까요? 정답은 가장 허름한 것입니다. 쥐를 싫어하는 사람들이 대부분 잡힌 쥐를 쥐덫과 함께 그냥 버리기 위해 가장 허름한 쥐덫을 선택한 것입니다. 제품 자체는 가장 싸지만 쥐 한 마리에 쥐덫 한 개가 필요하니, 실질적으로는 가장 비싼 제품인 셈입니다. 이것이 '더 좋은 쥐덫의 오류better mousetrap fallacy'라는 유명한 이야기입니다. 기업 중심의 제품이 아니라 고객 중심의 편익이라는 관점에서 가치를 보아야 한다는 것입니다.

가치 제안Value Propositions은 특정한 고객 세그먼트가 필요로 하는 가치를 창출하기 위한 상품과 서비스의 조합을 의미합니다. 각 고객 세그먼트에 어떤 상품과 서비스를 제공하는가, 실질적 경쟁자는 누구인가, 어떤 가치를 전달할 것인가, 어떤 문제를 해결할 것인가, 어떤 우선순위로 가치를 제공하는가, 가치에 대한 고객의 우선순위는 어떻게 변화하는가 등의 질문을 통해 비즈니스모델의 혁신을 추구합니다. 대부분의 기업은 오랫동안 품질, 가격, 디자인 등에서 우위를 차지하기 위해 치열하게 경쟁해왔습니다. 모두 중요한 일입니다만, 비즈니스모델을 혁신하기 위해서는 기업 중심의 기능과 감성을 넘어 고객 중심의 새로운 가치를 제공하는 것이 필요합니다. 그렇다면 새로운 가치는 어떻게 제공할 수 있을까요?

우선, 고객 개개인이 원하는 맞춤형 가치를 개발하는 것입니다. 십인일색十人一色에서 십인십색十人十色으로 소비자의 니즈가 다양해짐에 따라 공급 측면도 대량생산에서 대량 맞춤, 나아가 개별 맞춤으로 진화하고 있습니다. 최근에는 ICT를 결합한 제조 혁신과 빅데이터를 이용한 고객 분석이 가능해지면서 맞춤형 제품과 서비스의 개발이 더욱 주목을 받고 있습니다.

1941년에 설립된 미국의 제과 회사 마즈Mars는 엠앤엠즈M&Ms라는 초콜릿캔디로 유명합니다. 마즈는 엠앤엠즈의 매출이 둔화되자 고객이 원하는 대로 프린팅할 수 있는 새로운 제품과 공정 개발에 착수합니다. 그리고 2004년에 홈페이지를 통해 주문할 수 있는 맞춤형 초콜릿캔디인 '마이 엠앤엠즈My M&Ms'를 출시합니다. 처음에는 간단한 문구만 가능했지만 지금은 최대 3개의 컬러, 2개의 이미지, 4개의 텍스트와 다양한 용량의 패키지로 자기만의 초콜릿캔디를 디자인할 수 있습니다.

뉴욕의 엠앤엠즈월드

　여기에서 그치지 않고, 디자인을 선택할 때마다 시뮬레이션 결과를 화면으로 보여주고, 디자인을 완료하면 가격과 배송 가능일도 바로 알려줌으로써 고객의 편의성을 제고합니다. 그 결과, 마즈는 일반 초콜릿캔디보다 세 배나 비싼 가격에 '마이 엠앤엠즈'를 판매하면서 선물과 접대를 위한 프리미엄 초콜릿캔디 시장을 확장하고 있습니다.

　한편, 비디오 대여로 출발해 VOD^{video-on-demand} 서비스를 개척한 넷플릭스^{Netflix}는 시네매치^{Cinematch}가 경쟁력의 핵심입니다. 시네매치는 검색 패턴, 클릭 패턴, 대여 목록, 평가 점수 등을 토대로 회원의 영화 취향을 분석해 자동으로 다른 영화를 추천하는 알고리즘입니다. 최근에는 이용 기기, 이용 시간, 이용 장소, 탐색 경로, 공유 여부 등의 빅데이터와 소셜 미디어 정보도 활용합니다. 더 나아가 머신러닝을 이용해 홈페이지의 디자인과 콘텐츠를 개인별로 최적화하는 단계에 이르렀습니다. 그 결과, 넷플릭스는 2019년 초 190개국에서 1억 4,000만 명에 가까운 회원을 확보하고, 디즈니Disney와 시가총액 1위를 다투는 콘텐츠 기반의 엔터테인먼트 회사로 성장하고 있습니다.

두 번째, 공동체와 '더불어' 살아가고자 하는 소비자에게 사회적 가치를 제공하는 것입니다. 마케팅의 구루인 필립 코틀러Philip Kotler는 소비자의 생각을 중시하는 '마케팅 1.0'과 소비자의 감성을 자극하는 '마케팅 2.0'을 넘어 소비자의 영혼에 호소하는 '마케팅 3.0'의 시대가 되었다고 했습니다. 소비 과정을 통해 사회에 공헌하거나 공익을 추구할 수 있는 기회를 제공하는 것이 중요하다는 의미입니다.

1998년에 설립된 영국의 이노센트Innocent는 얼린 과일을 갈아 만든 스무디를 주력 상품으로 하는 음료 회사입니다. 2003년부터 매년 11월이 되면 스무디 병뚜껑에 털모자를 씌워 판매하는 '더 빅 니트The Big Knit' 캠페인을 전개합니다. 누구나 자발적으로 작고 멋진 모자를 뜨개질해서 이노센트에 보낼 수 있습니다. 이노센트는 이 모자를 병뚜껑에 씌워 판매하고, 판매 수익의 8분의 1을 노인을 돕

털모자를 쓴 이노센트의 스무디

는 자선단체에 기부합니다. 추운 겨울이 되면 '음료수에 털모자를 씌워준다'는 재미있는 발상과 함께 '추위에 떨고 있는 가난한 노인들을 지원한다'는 사회적 가치가 멋지게 어우러진 것입니다. 이 캠페인은 2014년 한 해만 해도 80만 개의 모자가 만들어질 정도로 소비자들로부터 많은 호응을 얻었습니다. 그 결과, 이노센트는 2012년 소비자가 선정한 100대 사회적 기업 중에서 1위에 오르는 영광을 차지했고, 음료 판매가 가장 부진한 겨울철에도 스무디의 매출을 제고하며 성장을 지속하고 있습니다.

2006년에 설립된 탐스Toms는 '내일을 위한 신발Shoes for Tomorrow'이라는 의미를 가진 신발 회사입니다. 소비자가 구매한 만큼의 신발을 '원포원One for One' 방식으로 빈민국 아동에게 기증하는 것으로 유명합니다. 고객들이 현지에 가서 신발을 직접 전달하는 '탐스의 친구들Friends of Toms' 프로그램도 운영하고, 기부받는 국가에서 신발을 제조하는 계획까지 추진하고 있습니다. 2011년에는 선글라스를 판매하면서 빈민국 아동에게 시력 교정 안경을 기증하는 사업, 2013년에는 로스팅 커피를 판매하면서 저개발 국가에 식수를 기부하는 사업으로 확장하고 있습니다. 그 결과, 탐스는 2012년에 세계 각국의 매장에서 5억 달러가 넘는 매출을 올리는 글로벌 브랜드로 성장합니다. 그런데 아쉽게도 제품력의 한계로 인해 2013년부터 매출이 감소하고 있는 탐스가 비즈니스모델의 경쟁력을 회복할 수 있을지 궁금합니다.

세 번째, 변화하는 시대적 가치에 부응하거나, 바람직한 시대적 가치를 제시하는 것입니다. 시대적 가치란 윤리적·정서적·문화적 관점에서의 메가트렌드를 의미합니다. 예를 들면 환경보호, 동물보호, 여성주권, 직장과 가정의 균형 등을 말합니다.

1923년에 설립된 디즈니는 〈백설공주〉, 〈인어공주〉, 〈미녀와 야수〉 등 아름다운 공주와 늠름한 왕자의 사랑 이야기를 주제로 한 애니메이션으로 유명했습니다. 2001년에 드림웍스가 '얼굴보다는 마음이 예뻐야 한다'는 관점에서 제작한 〈슈렉〉이 히트하자, 한때 어려움에 처하기도 했습니다. 그러나 디즈니는 2013년에 엘사와 안나를 주인공으로 한 〈겨울왕국〉으로 12억 달러라는 기록적인 흥행 수익을 올립니다. 남자에게 의존하는 신데렐라형의 수동적 여성상이 아니라 가족 간의 사랑과 적극적인 여성상을 강조한 것이 특징이었습니다.

반면에 1959년 처음 출시된 마텔Mattel의 바비인형은 오랫동안 신장 175센티미터, 체중 50킬로그램, 허리 18인치라는 비현실적인 몸매와 금발을 가진 백인 여자 모습의 인형이었습니다. 그러나 어린이에게 '아름다움에 대한 왜곡된 인식을 심어준다'는 비판을 받으며 2013년부터 지속적으로 매출이 감소하다가 2015년에는 〈겨울왕국〉의 캐릭터 인형에게 세계 1위의 자리까지 넘겨줍니다. 이에 바비인형은 2016년에 원래보다 작거나, 크거나, 통통한 3가지 체형을 추가하고 7가지 피부색으로 인형을 출시합니다. 2018년에는 다양한 직업군의 여성 인형과 장애를 가진 인형 등을 출시하며 바비인형의 매출이 회복되고 있습니다.

기능과 감성을 넘어선 가치를 제공하라

글로벌 화장품 회사인 레브론Revlon의 창업자 찰스 레브슨Charles Revson은 "우리는 공장에서 화장품을 만들지만 매장에서 희망을 판다"라고 했습니다. 기업의 관점에서 '무엇을 파는가'가 아니라 고객의 관점에서 '왜 사는 가'에 진정한 가치가 있다는 점을 강조한 말입니다. 모든 기업이 더 품질이 좋은 제품, 더 가격이 낮은 제품, 더 디자인이 멋진 제품을 개발해 고객에게 더 큰 가치를 제공하려고 노력합니다. 하지만 기능적 가치나 감성적 가치를 추구하는 수준에 머무르는 경우가 많습니다. 여러분은 한 걸음 더 나아가 맞춤형 가치를 개발하고, 사회적 가치를 제공하며, 시대적 가치에 부응해 멋진 비즈니스모델을 창출하기 바랍니다.

03
마케팅
채널

눈을 가리고 마시면 잘 구분되지 않는 콜라인데도 코카콜라가 펩시콜라에 비해 항상 우위에 있는 비결은 무엇일까요? 코카콜라가 마케팅을 잘하는 회사로 손꼽힌다는 점이 바로 그 이유일 것입니다. 코카콜라는 식료품점이라는 전통적 판매망의 한계에서 벗어나 패스트푸드점과 자동판매기 등 수익성이 높은 판매 경로를 개척했습니다.

2008년부터는 자동판매기를 껴안으면 콜라를 주는 이벤트 행사 등을 통해 소비자에게 웃음과 감동, 선물을 전달하면서 이 장면을 소셜 미디어로 전파하는 '오픈 해피니스Open Happiness' 캠페인을 전개하고 있습니다. 그중에서 특히 2013년에 실시한 '스몰 월드Small World' 캠페인이 많은 반향을 불러일으켰습니다. 인도와 파키스탄에 터치스크린이 달린 자동판매기를 설치하고, 사이가 좋지 않은 두 나라 사람

코카콜라의 '오픈 해피니스' 캠페인 광고

이 하트 그리기와 같은 공동의 미션을 완수하면 콜라를 무료로 주는 행사였습니다.

　　마케팅 채널Marketing Channels은 고객 세그먼트에 가치를 제안하기 위해 의사소통하며, 상품과 서비스를 주문하고 전달하는 경로를 의미합니다. 즉 마케팅의 4P 중에서 의사소통 경로인 '프로모션promotion'과 판매유통 경로인 '플레이스place'를 포괄하는 개념입니다. 현재 각 고객 세그먼트에 어떻게 접근하는가, 각 고객 세그먼트는 어떤 마케팅 채널을 원하는가, 마케팅 채널은 어떤 기준으로 통합되어 있는가, 마케팅 채널과 고객 업무는 어떻게 통합되어 있는가, 어떤 마케팅 채널이 가장 효과적이고 효율적인가 등의 질문을 통해 비즈니스모델의 혁신을 추구합니다.

모든 기업이 제품과 서비스를 홍보하고 판매하기 위해 정말 많은 노력을 합니다. TV에 광고를 하고, 유인물을 배포하고, 매장을 확장하고, 영업사원을 확충하기도 합니다. 모두 중요한 일입니다만, 비즈니스 모델을 혁신하기 위해서는 매스미디어와 온·오프라인 매장을 넘어선 새로운 마케팅 채널이 필요합니다. 그렇다면 새로운 마케팅 채널은 어떻게 활용할 수 있을까요?

우선, 소셜 미디어를 활용해 제품과 서비스를 홍보하는 것입니다. 마케팅 4P 중 하나인 '프로모션'은 이제 고객과의 쌍방향 의사소통을 의미하는 '커뮤니케이션'으로 발전해야 합니다. 그 핵심적인 도구가 바로 소셜 미디어입니다.

리바이스Levi's는 미국의 골드러시 시대에 텐트용 데님으로 만든 광부용 바지를 대중 의류로 발전시킨 청바지 회사입니다. 2009년에 디캐프리오Leonardo Dicaprio가 주연으로 나온 영화의 콘셉트를 차용해 '나 잡아봐라Catch Me If You Can'라는 캠페인을 전개했습니다. 호주와 뉴질랜드에서 신제품 청바지를 입은 남녀 모델들이 트위터로 자신의 위치를 알려주면서 도망다니다, 자기를 찾은 사람이 "이게 리바이스인가요?"라고 하면 입은 청바지를 벗어주는 것입니다. 단시간에 1,450명의 팔로워가 늘어나고, 30만 건 이상의 리트윗과 댓글이 생기고, 청바지를 얻은 200명이 인증샷과 리뷰를 공유했습니다. 더 나아가 리바이스는 이 영상을 재미있게 편집해 유튜브YouTube에 올려서 다시 한번 전 세계에 브랜드와 신제품을 홍보했습니다. 리바이스는 이와 같이 재미와 스토리가 있고, 고객과 쌍방향으로 소통하며, 고객끼리 여러 방향으로 소통하는 캠페인을 지속적으로 개발하고 있습니다.

시스코Cisco는 B2B 산업에서 소셜 미디어를 멋지게 활용했습니다. 네트워크 장비 회사인 시스코는 신제품을 출시하면 100여 개국에서 많은 임직원과 기자가 캘리포니아의 본사에 모이고, 주요 신문사에 광고를 내며, 고객들에게 메일을 보내는 과정으로 홍보했습니다. 그러다 2008년에 새로운 라우터를 출시하면서 소셜 미디어와 온라인을 이용하는 방식으로 전환합니다. 세컨드라이프second life와 3D 게임으로 만든 〈쇼핑의 미래〉라는 동영상을 유튜브에 업로드하고, 비디오 콘퍼런싱으로 행사를 진행하고, 페이스북으로 엔지니어와의 커뮤니티를 형성하며, 온라인 포럼으로 질의응답을 제공하는 것입니다. 그 결과, 시스코는 9,000명의 참석자를 유치했고, 세 배나 많은 기사와 1,000개가 넘는 외부 블로그가 만들어졌으며, 비용을 6분의 1로 절감하는 큰 효과를 얻었습니다.

두 번째, 오프라인 매장은 물론 온라인과 모바일을 복합해 언제 어디서나 하나의 매장처럼 쇼핑할 수 있는 옴니채널Omni-Channel을 활용해 제품과 서비스를 주문받고 제공하는 것입니다. 마케팅 4P 중의 하나인 '플레이스'는 이제 실질적으로 고객의 '구매 편의성Buying Convenience'으로 발전해야 합니다. 이러한 옴니채널은 B2C 산업, 유형의 제품, 대기업뿐만 아니라 B2B 산업, 무형의 서비스, 중소기업에서도 멋진 성공 사례가 적지 않습니다.

B2B 산업에서는 다우코닝Dow Corning의 사례가 인상적입니다. 고급 제품과 부가서비스로 실리콘 산업을 주도하던 미국의 다우코닝은 1990년대 후반 실리콘 산업이 성숙기에 진입하면서 어려움에 처합니다. 그러던 중 2002년에 자이아미터Xiameter라는 저가 제품을 개발한 후, 기존의 개별 협상을 통한 계약과는 달리 온라인 사이트를 통해 상담함으로써 가격 및 주문을 원스톱으로 처리하는 판매 방식을 도입합니다. 그 결과, 다우코닝은 다시 흑자로 전환되었고, 자이아미터는 총매출의 20퍼센트를 차지할 정도로 성장합니다.

서비스업에서는 뉴욕 메트로폴리탄 오페라Metropolitan Opera의 사례가 인상적입니다. 1880년에 설립되어 1996년 맨해튼의 링컨센터에 자리 잡은 메트로폴리탄 오페라는 2000년대에 접어들며 관객이 고령

뉴욕 링컨센터의 메트로폴리탄 오페라

화되면서 매출이 정체되는 위기를 겪게 됩니다. 이에 총감독으로 취임한 피터 겔브Peter Gelb는 극장 공연만을 고집하던 오페라 단원들을 설득해 2006년 시즌의 개막작인 〈나비부인〉부터 12대의 고해상도 카메라로 중계하기 시작합니다. 2007년에 장이머우張藝謀가 연출한 〈진시황제〉는 카메라 움직임, 화면 구성, 출연자 동선 등을 처음부터 스크린용으로 기획한 공연이었습니다.

그 결과, 전 세계 수천 개의 영화관과 5대 5로 수익을 배분하면서 오페라를 실황중계하거나 녹화 상영해 평균 25만 명이 관람하는 새로운 수익원을 창출합니다. 게다가 영화관 관람이 공연장 관람으로 이어져 2014년에는 좌석 점유율이 75퍼센트에서 88퍼센트로 높아졌고, 관객의 평균 연령이 62세에서 57세로 낮아지는 선순환 구조까지 구축합니다.

오프라인에서 온라인을 접목한 중소기업으로는 헤이우드힐 Heywood Hill의 사례가 많은 시사점을 줍니다. 1936년에 설립된 헤이우드힐은 런던 주택가의 뒷골목에 있는 동네 서점이지만 '책의 성지'로 불리는 곳입니다. 그 비결은 바로 2013년에 도입한 비스포크Bespoke, 즉 온라인 맞춤형 서비스입니다. 오프라인 중심의 북클럽을 온라인으로 활성화해 전 세계에서 주문을 받습니다. 희귀한 책을 찾아주고, 회원의 관심사에 맞추어 1년에 10권 정도의 책을 엄선해서 보내주며, 특정 주제에 관심이 있는 고객에게 많게는 수천 권까지 개인 서재를 꾸며주는 것입니다. 그 결과, 헤이우드힐은 아마존의 등장으로 대부분의 오프라인 서점의 경영이 어려워졌음에도 불구하고 전 세계 60여 개국에서 매년 17억 원 이상의 매출을 올리고 있습니다.

온라인에서 오프라인을 접목한 중소기업으로는 보노보스Bonobos의 사례가 대표적입니다. 2007년에 설립된 미국의 보노보스는 남성복을 전문으로 하는 온라인 의류업체입니다. 2012년에 가이드숍Guideshop이라는 오프라인 채널을 오픈합니다. 가이드숍은 다른 의류업체의 오프라인 매장과는 달리 모든 스타일 및 치수의 샘플과 함께 탈의실이 있는 자그마한 쇼룸처럼 꾸며져 있습니다. 예약한 고객이 스타일리스트의 도움을 받아 옷을 골라 입어볼 수 있지만 구매는 온라인을 통해서 합니다. 보노보스는 재고 부담이 거의 없으면서도 옷을 사기 전에 입어보고 싶다는 고객의 니즈를 충족시켜줌으로써 고객 접점을 확대한 것입니다. 이런 방식으로 보노보스는 백화점 체인인 노드스트롬Nordstrom과 제휴해 21개의 가이드숍을 운영하며 사업을 확장합니다. 그 후 2017년에 월마트가 3억 1,000만 달러에 인수해 2020년까지 총 100개의 가이드숍 개설을 추진하고 있습니다.

새로운 마케팅 채널로 홍보하고 판매하라

피터 드러커는 "기업이 가진 기본 기능은 마케팅과 혁신 두 개뿐이다"라고 했습니다. 마케팅이 그만큼 중요하다는 말인데, 사실 마케팅은 새로운 것이 가장 많이 속출하는 경영 기능이기도 합니다. 많은 기업이 매스미디어나 영업사원을 통해 제품을 홍보하거나, 오프라인 매장이나 온라인 사이트를 통해 제품을 판매하고 있습니다. 여기에서 그치지 말고 소셜 미디어를 활용해 홍보하고, 옴니채널을 통해 판매할 수 있는 방안을 모색해보십시오. B2C, 제품 및 대기업뿐만 아니라 B2B, 서비스 및 중소기업에도 남과는 다른 비즈니스모델을 창출할 기회가 열려 있습니다.

독수리 마크가 있는 가죽옷을 입고 줄지어 바이크를 타는 사람들을 보신 적이 있습니까? 할리데이비슨Harley-Davidson의 동호회인 HOGHarley Owners Group입니다. 열혈 고객의 커뮤니티인 HOG는

로고가 박힌 옷을 입은 HOG

1983년에 결성되었습니다. 2003년 할리데이비슨 100주년 행사에 25만 명이 운집했고, 2015년에는 글로벌 회원이 130만 명에 이릅니다. 우리나라에도 2019년 현재 9개 지부가 운영되며, 1,200명 이상의 회원이 활동하고 있습니다. 한번 HOG의 회원은 평생 HOG의 회원이 된다고 합니다.

한편, 1934년에 설립된 일본의 YKK가 80년 넘게 글로벌 지퍼 시장에서 1위를 유지하고 있는 숨은 비결도 고객과의 관계에 있습니다. YKK는 다양한 제품, 우수한 품질, 신속한 공급이라는 경쟁력을 갖추고 있지만, 청바지 회사인 리바이스를 고객으로 붙잡기 위해 남다른 서비스를 제공했습니다. 여러 회사의 지퍼를 구입해 수작업으로 박음질하던 리바이스를 위해 자기 회사의 지퍼를 자동으로 박음질해주는 기계를 제공한 것입니다. 그 결과, YKK는 모방 제품이나 저가 제품이 난무하는 치열한 경쟁 속에서도 리바이스에 독점적으로 지퍼를 납품하고 있습니다.

고객 관계Customer Relationships는 특정한 고객 세그먼트와의 거래와 접촉을 통해 맺는 관계의 형태를 의미합니다. 현재 각 고객 세그먼트와 어떤 고객 관계를 구축했는가, 각 고객 세그먼트는 어떤 방식의 고객 관계를 원하는가, 고객 관계에는 비용이 얼마나 드는가, 고객 관계는 비즈니스모델의 다른 요소와 어떻게 통합되어 있는가 등의 질문을 통해 비즈니스모델의 혁신을 추구합니다.

대부분의 기업은 한번 관계를 맺은 고객이 자기 회사의 제품을 다시 구매하거나 서비스를 계속 이용하게 하려고 많은 노력을 기울입니다. 이를 위해 남아 있는 고객에게 마일리지를 주기도 하고, 떠나려는 고객에게 위약금을 물리기도 합니다. 모두 가능한 일입니다만, 비즈니스모델을 혁신하기 위해서는 할리데이비슨이나 YKK처럼 새로운 관점에서 고객과의 지속적 관계를 구축하는 것이 중요합니다. 그렇다면 지속적인 고객 관계는 어떻게 구축할 수 있을까요?

우선, 고객의 전환 비용Switching Cost을 높이는 것이 가장 중요합니다. 전환 비용이란 고객이 제품이나 서비스를 다른 회사 것으로 바꾸는 과정에서 겪게 되는 손실이나 불편을 의미합니다. 예를 들어 OS가 다른 스마트폰을 사면 앱을 다시 깔아야 되고, 전화번호를 바꾸면 명함을 새로 만들어야 하는 것처럼 말입니다. 이러한 전환 비용이 높을수록 고객을 잡아두는 락인lock-in 효과가 커지게 됩니다.

많은 글로벌 호텔이 고객의 편의성을 제고하기 위해 스마트폰으로 체크인, 체크아웃과 룸 출입이 가능한 IT 서비스를 제공합니다. 호주의 그랜드하얏트 멜버른은 2014년에 조금 다른 서비스를 개발했습니다. 1년에 5회 이상 방문하는 고객에게 제공하는 '하얏트에 맡겨두세요Leave it at Hyatt'가 바로 그것입니다. 단골 고객은 신발이나 운동복 등을 무료로 맡겨두거나, 셔츠 등을 유료로 세탁하고 다림질해 보관할 수 있습니다. 그 결과, 매번 짐을 챙기거나 많은 짐을 가지고 다니기 귀찮아하던 핵심 고객이 다른 호텔로 떠나가지 않게 되었고, 이제 이 서비스는 그랜드하얏트호텔의 전 세계 체인으로 확대되고 있습니다.

한편, 고객을 커뮤니티로 묶는 것도 좋은 방법입니다. 고객 커뮤니티는 온라인 또는 오프라인에서 고객이 공동체 의식을 가지고 함께할 수 있는 장을 제공하는 것으로, 고객이 다른 고객을 붙잡고 새로운 고객을 모으는 효과가 있습니다.

1914년에 설립된 러시아의 로모Lomo는 반자동 소형 카메라인 'LC-A'가 주력 상품입니다. KGB가 야간 촬영이나 근접 촬영을 위해 개발한 것이라고 합니다. 'LC-A'는 특수 렌즈를 사용하고 조리개가 자동으로 조절되기 때문에 화질이 떨어지고 주변이 어둡지만, 뚜렷한 색감과 독특한 분위기의 사진을 만들어줍니다. 구소련의 붕괴로 한때 생산이 중단되었다가 1992년 동호회가 결성되면서 다시 주목을 받기 시작합니다.

동호회원 중에서 임명된 대사embassy가 자국에 제품을 판매하면

로모의 'LC-A' 카메라

서 로모그래피Lomography라는 동호회 문화를 전파하는 구심점 역할을 합니다. 로모그래퍼, 즉 로모 카메라를 구매한 사람은 홈페이지를 통해 자기가 찍은 사진을 공유합니다. 세계 각국의 로모그래퍼가 보내준 많은 사진을 여러 가지 형태로 전시하는 로모월Lomowall이 특히 유명합니다.

2012년에 런던박물관은 세계 32개국에서 1만 5,000명이 보내준 3만 장의 사진으로 400개의 로모월을 전시했습니다. 맨체스터에서는 500명이 보내준 1만 4,000장의 사진으로 30미터 길이의 담벼락에 영구적인 로모월을 설치해 관광명소가 되었습니다. 그 결과, 로모는 디지털카메라의 홍수 속에서도 굳건히 자리를 지키면서 충성 고객을 늘려가고 있습니다.

마지막으로, 고객을 우리 회사의 주주로 만드는 것입니다. 단순히 투자 목적으로 주식을 사고파는 사람과는 달리 우리 회사의 제품과 서비스를 이용하는 고객이 주주가 된다면 더욱 끈끈한 고객 관계를 구축할 수 있습니다.

2009년에 설립된 호주의 브루Broo는 프리미엄 라거를 생산해 판매하는 맥주 회사입니다. 2011년에 온라인으로 맥주 한 상자를 사면 자기 회사의 주식 10주를 주는 캠페인을 전개했습니다. 호주 국적을 가진 고객에게 1인당 최대 50상자의 맥주를 판매하면서 총 1,000만 주의 주식을 배분한 것입니다. 이 캠페인을 통해 주주가 된 고객은 브루를 더욱 사랑하고 추천하는 핵심 고객이 되었습니다. 그 결과, 브루는 새로운 브랜드임에도 불구하고 호주를 대표하는 맥주 가운데 하나로 자리 잡게 됩니다.

2009년에 설립된 우리나라의 골드블루가 2010년에 진행한 '골 든블루 블루칩' 프로모션도 비슷한 듯 다르지만 흥미롭습니다. 위스 키 병뚜껑에 기재된 응모 번호를 등록하면 주식 1주를 주는 이벤트였 는데, 위스키를 마시는 소비자는 물론 위스키를 팔아주는 웨이터까지 주주로 끌어들인 것입니다. 이 캠페인이 상당한 효과를 거두고 이슈가 되면서 골든블루는 2018년에 윈저와 임페리얼을 누르고 국내 1위의 위스키 브랜드로 성장하는 초석을 다지게 됩니다.

지속적인 고객 관계를 구축하라

"한번 해병은 영원한 해병"이라는 말을 들어보셨을 것입니다. 해병이 되 면 그 자부심과 소속감이 평생을 간다는 의미입니다. 기업도 해병처럼 한 번 관계를 맺은 고객이 평생 고객이 될 수 있다면 참 좋을 것입니다. 이를 위해 많은 기업이 마일리지에 따라 고객 서비스를 차별화하거나, 심지어 는 위약금 제도를 통해 고객을 붙잡아두려고 노력합니다. 여기에서 그치 지 말고 고객의 전환 비용을 높이고, 고객을 커뮤니티로 묶고, 나아가 고객 을 주주로 만들어 차별화되는 비즈니스모델을 창출하기 바랍니다.

비즈니스모델 4.0

05
핵심
자원

세르게이 브린^{Sergey Brin}과 래리 페이지^{Larry Page}라는 두 젊은이가 핵심 자원의 가치를 몰랐다면 세상은 어떻게 달라졌을까요? 아마도 두 사람은 스탠퍼드 대학교 박사과정을 그만두지 않았을 테고, 시가총액 1위를 다투는 구글이 탄생하지 않았을 것이며, 우리는 전 세계의 많은 정보에 쉽게 접근할 수 없었을지도 모르겠습니다.

브린과 페이지는 페이지랭크^{PageRank}라는 검색엔진을 개발해 라이선스를 주려고 했습니다. 하지만 그 가치를 제대로 인정받지 못하자, 1998년 구글을 설립합니다. 그리고 신속하고 정확한 검색엔진을 기반으로 이용자를 확보하고, 많은 이용자를 기반으로 광고주를 확보하며, 많은 광고주를 기반으로 제휴 사이트를 확보해 광고 기반의 수익 모델을 개발했습니다.

지금은 하루 56억 개에 이르는 검색어가 중요한 핵심 자원입니다. G메일과 안드로이드를 통해 빅데이터를 더욱 강화하고 있습니다. 2013년에는 자동차 공유 서비스인 우버uber에 투자하고, 2014년에는 스마트 온도조절기 회사인 네스트랩Nestlab을 인수했으며, 2015년에는 사진 저장 서비스인 구글 포토스Google Photos를 개시했습니다. 이제 구글의 빅데이터는 온라인과 모바일을 넘어 오프라인과 만인의 삶으로 확장되고 있습니다.

핵심 자원Key Resources은 해당 비즈니스를 원활히 수행하기 위해 필요한 자원을 의미합니다. 인프라, 전문가 등의 유형 자원과 노하우, 조직력 등의 무형 자원을 포괄하는 개념입니다. 우리가 가진 핵심 자원은 무엇인가, 가치 제안을 위해 어떤 핵심 자원이 필요한가, 마케팅 채널·고객 관계·수익 흐름을 위해 어떤 핵심 자원이 필요한가, 핵심 자원은 어떻게 확보할 것인가 등의 질문을 통해 비즈니스모델의 혁신을 추구합니다. 많은 기업이 시장의 흐름과 선도 기업의 전략을 예의 주시하면서 새로운 제품과 사업을 탐색합니다. 모두 중요한 일입니다만, 구글처럼 핵심 자원이 그러한 노력을 뒷받침한다면 성공 가능성이 더욱 높아질 것입니다. 그렇다면 핵심 자원을 기반으로 비즈니스모델을 혁신하기 위해서는 어떻게 해야 할까요?

먼저, 자기 회사가 가지고 있는 핵심 자원을 파악하는 것이 필요합니다. 어떤 자원이 고객이나 기업에 가치를 제공하고, 희소하면서도 모방하기 어렵고, 다른 사업으로 확장할 수 있다면 핵심 자원이 될 수 있습니다.

1917년에 스즈키 상점으로 출발한 일본의 아지노모토^{Ajinomoto}는 감칠맛을 내는 MSG 조미료를 개발한 식품 회사로 유명합니다. MSG의 핵심인 아미노산은 단백질을 만드는 원료입니다. 단백질은 생물체의 몸을 구성하는 핵심 재료이기 때문에 아미노산으로 건강을 분석할 수 있습니다. 또한, 나일론과 합성고무는 동식물의 화석인 석유에서 나온 것이기 때문에 아마노산으로 나일론과 고무를 만들 수도 있습니다.

아지노모토의 MSG 조미료

아지노모토는 2012년부터 가오^{Kao}와는 아미노산으로 건강을 진단하고, 도레이^{Toray}와는 식물 원료로 나일론을 만들고, 브리지스톤 ^{Bridgestone}과는 바이오매스로 합성고무를 만드는 공동 사업을 전개하고 있습니다. 이와 같이 아미노산에 대한 노하우를 바탕으로 사업을 확장한 아지노모토는 2조 엔 정도의 그룹 총매출 중에서 60퍼센트를 조미료 이외의 사업에서 올리고 있습니다.

자기 회사의 핵심 자원을 파악했다면, 이제 그것을 잘 활용해야 합니다. 핵심 자원을 다른 사업으로 전개하기 위해서는 특히 자기 회사가 보유한 핵심 자원과 새로운 사업에 필요한 핵심 자원의 동질성을 정확히 인식하는 것이 매우 중요합니다.

미국의 서부 개척 시대에 동부와 서부를 연결하며 배송 사업을 하던 두 기업, 포니익스프레스Pony Express와 아메리칸익스프레스American Express를 한번 살펴볼까요? 포니익스프레스는 조랑말을 타고 우편과 소포를 배달하던 서비스였습니다. 젊고 날렵하고 강단 있는 사람, 특히 고아를 선호한다는 기수 모집 공고를 낼 정도로 목숨을 건 사업이었지만, 배달 기간을 획기적으로 단축해 많은 인기를 끌었습니다. 그러나 전신 서비스가 일반화되자 기수, 말 및 역참을 확충했음에도 불구하고 1861년에 결국 폐업하게 됩니다. 반면, 1850년에 역마차 운송 회사로 출발한 아메리칸익스프레스는 철도 서비스가 일반화되자 전국 지점망을 이용해 여행업으로 사업을 전환합니다. 그리고 정확한 배송과 확실

포니익스프레스의 구인 광고

한 보상을 통해 얻은 고객 신뢰를 바탕으로 금융 사업에 진출합니다. 그 결과, 아메리칸익스프레스는 1882년에 우편환 사업, 1891년 여행 자수표 사업, 1958년에 신용카드 사업을 전개해 글로벌 금융 회사로 성장합니다.

마지막으로, 핵심 자원은 지속적으로 육성해야 합니다. 즉 비즈니스를 수행하기 위한 핵심 자원이 부족하면 확보해야 하고, 보유하고 있는 핵심 자원은 약화되지 않도록 보강해야 합니다.

미국의 디즈니랜드는 1955년에 캘리포니아에서 오픈한 디즈니랜드와 1971년에 플로리다에서 오픈한 디즈니월드를 통칭하는 단어입니다. 디즈니랜드는 만화나 영화의 캐릭터와 스토리를 기반으로 놀이시설을 기획한 것에 그치지 않고 모든 직원이 자기 일을 쇼 비즈니스로 생각하며 스토리텔링을 하게 합니다. 예를 들면 청소를 하면서 물로 그림을 그리고, 낙엽으로 작품을 만드는 것입니다. 스토리텔링의 역량을 강화하기 위해 매표원, 안내원, 청소원을 포함한 모든 직원이 디즈니 대학에서 서비스와 쇼 교육을 받도록 하며, 직원을 캐스트, 배치를 캐스팅, 유니폼을 코스튬이라고 부릅니다. 또한, 애니메이션 회사인 픽사Pixar와 만화 회사인 마블Marvel을 인수하는 등 지속적으로 캐릭터와 스토리를 보강합니다. 그 결과, 디즈니랜드는 어린아이는 물론 성인과 노인으로까지 고객층을 확장하고, 2016년에는 미국, 일본, 프랑스, 홍콩에 이어 중국 상하이에도 디즈니랜드를 개장하며 성장을 지속하고 있습니다.

핵심 자원을 뿌리고 키우고 거둬라

알프레드 챈들러Alfred Chandler가 1962년에 "전략은 장기적 목표의 결정, 행동 방향의 선택 및 자원의 배분이다"라고 정의한 이래 외부 환경과 내부 역량은 전략을 결정하는 키워드가 되었습니다. 예전에는 외부 환경을 상대적으로 중시했으나 근래에는 내부 역량을 상대적으로 강조하는 전략 이론이 조금 우세한 듯합니다. 그저 시장의 흐름에 동조하거나 선도 기업의 전략을 모방하더라도 자기 회사가 정말 잘할 수 있는 사업과 비즈니스 모델을 놓치지 마십시오. 자기 회사만의 특별한 핵심 자원을 파악하고, 그 핵심 자원을 잘 활용하며, 더 나아가 필요한 핵심 자원을 체계적으로 육성해 새로운 비즈니스모델을 창출하기 바랍니다.

06
핵심
활동

세계에서 매출액이 가장 많은 회사가 어디인지 아십니까? 대형 할인마트라는 비즈니스모델을 개척한 월마트^{Walmart}입니다. 2017년 매출이 4,853억 달러로 시가총액 1위인 애플의 2배가 넘습니다. 그런데 월마트의 창업자 새뮤얼 월턴^{Samuel Walton}은 1985년 세계 최고의 부자로 선정되었음에도 불구하고, 사무실을 검소하게 꾸미고 비행기는 이코노미석만 이용한 것으로 유명합니다. 이런 점에서 월턴은 핵심 활동의 가치를 잘 알고 또 제대로 실천한 사람이었습니다.

월턴은 대형 할인마트라는 새로운 비즈니스모델을 구현하기 위해 대량 구매, 효율적 물류, 창고형 매장, 셀프서비스 등 모든 본원적 활동을 원가를 절감하는 방향으로 정렬했습니다. 더 나아가 솔선수범하는 리더십과 검소한 조직 문화 등 모든 지원적 활동까지 '상시 저가 판매'를 슬로건으로 내세운 월마트의 비즈니스모델과 조화시키고자 했습니다.

핵심 활동Key Activities은 해당 비즈니스를 원활히 수행하기 위한 중요한 활동을 의미합니다. 생산, 판매 등의 본원적 활동과 인사, 조직 등의 지원적 활동을 포괄하는 개념입니다. 일반적으로 제조 회사는 생산 활동, 컨설팅 회사는 문제 해결, 금융기관은 위험관리가 중요하지만, 비즈니스모델에 따라 설비투자, 연구개발, 생산 활동, 마케팅, 교육 훈련 등 여러 가지 활동의 상대적 중요성이 달라집니다. 우리가 하는 핵심 활동은 무엇인가, 가치 제안을 위해 어떤 핵심 활동이 필요한가, 마케팅 채널·고객 관계·수익 흐름을 위해 어떤 핵심 활동이 필요한가, 핵심 활동은 어떻게 수행할 것인가 등의 질문을 통해 비즈니스모델의 혁신을 추구합니다.

많은 기업이 경쟁사보다 낮은 비용으로 효율화를 추구하거나 높은 가치로 차별화를 추구하기 위해 많은 노력을 기울입니다. 모두 중요한 일입니다만, 월마트처럼 모든 본원적 활동과 지원적 활동이 비즈니스모델을 구현할 수 있도록 조화를 이룬다면 성공 가능성이 더욱 높아질 것입니다. 그렇다면 핵심 활동을 기반으로 비즈니스모델을 혁신하기 위해서는 어떻게 해야 할까요?

우선, 자기 회사가 하던 핵심 활동의 범위를 고객 지향적으로 확장하는 것입니다. 즉 이전에는 고객이나 다른 기업이 하던 핵심 활동을 자사의 핵심 활동으로 흡수해 고객에게 새로운 가치를 제공하는 것입니다.

1931년에 고무를 붙인 버선을 제작하는 업체로 출발한 일본의 브리지스톤은 타이어 사업의 핵심 활동을 효과적으로 확장한 사례입니다. 타이어는 돌기 부분인 트레드가 닳으면 보통 타이어 전체를 교체합니다. 그런데 비싼 타이어를 많이 사용해 비용에 부담을 느끼는 화물차와 물류 회사는 트레드만을 보수한 재생 타이어를 사용하기도 합니다. 다른 타이어 회사는 이런 재생 타이어가 신품 타이어 시장을 잠식한다고 판단해 탐탁지 않게 생각했습니다.

하지만 브리지스톤은 2007년에 미국의 재생 타이어 전문 업체인 밴닥Bandag을 인수해 기술을 확보하고, 기존 유통망을 활용해 재생 타이어 사업을 전개합니다. 더 나아가 물류 기업을 대상으로 타이어 관리 컨설팅을 제공해 재생과 신품 타이어의 균형적인 성장을 도모했습니다. 그 결과, 브리지스톤은 2008년 일본에서만 수익성 높은 재생 타이어를 50만 개나 판매했고, 2018년에도 신품 타이어는 물론 재생 타이어 시장에서 글로벌 1위의 위상을 유지하고 있습니다.

이와는 반대로, 자기 회사가 하던 핵심 활동의 범위를 단축하는 것도 좋은 방안이 될 수 있습니다. 즉 이전에는 자기 회사가 하던 핵심 활동을 고객이나 다른 기업이 하도록 넘겨줌으로써 획기적으로 원가를 절감하는 것입니다.

1943년에 설립된 스웨덴의 이케아Ikea는 '많은 사람에게 더 나은 일상생활을 창조해준다'는 미션을 바탕으로 가성비에 입각한 비즈니스모델을 추구하는 가구 회사입니다. 저렴한 소재, 외곽의 매장, 모듈화 부품, 조립식 제품 등의 차별화된 경쟁력과 더불어 고객의 DIY 활동을 통해 저비용을 구현하고 있습니다. 과거에는 완성된 커다란 가구를 판매하면 여러 명의 작업자가 고객의 집까지 싣고 가서 설치해주는 것이 일반적이었습니다. 이러한 핵심 활동은 가구 사업의 원가에서 상당히 큰 비중을 차지하고 있었습니다. 이케아는 운반, 조립 및 설치 활동을 고객에게 넘김으로써 저비용을 구현해 경쟁사 대비 40퍼센트나 저렴하게 가구를 판매하면서도 12퍼센트에 이르는 영업이익률을 시현하고 있는 것입니다. 그 결과, 이케아는 2017년에 49개국에서 411개의 매장을 운영하며 48조 5,000억 원의 매출을 올리는 세계 최대의 가구 회사로 성장했습니다.

마지막으로, 자기 회사가 하던 핵심 활동을 근본적으로 변경하는 것입니다. 즉 이전에는 자기 회사가 전혀 하지 않던 핵심 활동을 개발해 새로운 사업과 수익원을 창출하는 것입니다.

1948년에 설립된 독일의 하코그룹Hako Group은 2010년부터 글

하코그룹의 청소차 'CM2000'

비즈니스모델 4.0

로벌 1위의 위상을 유지하고 있는 청소장비 분야의 강소기업입니다. 2015년의 매출이 4.3억 유로에 달합니다. 하코그룹은 다른 청소장비 회사가 제품의 개발과 판매 및 수리에 치중할 때, 주요 고객인 지방자치단체를 위해 다양하고 특별한 서비스를 개발했습니다. 도로 청소를 위한 상담, 현지에 적합한 제품 설계, 청소장비의 대여, 청소업무의 대행 등이 바로 그것입니다. 그 결과, 하코그룹은 매출의 20퍼센트를 도로 청소차와 바닥 청소기 등의 판매, 80퍼센트를 상담, 설계, 대여 및 용역에서 올리며 안정적인 수익을 창출하고 있습니다.

핵심 활동을 늘리고 줄이고 바꿔라

마이클 포터는 "자사의 가치사슬이나 산업의 가치사슬을 재편함으로써 낮은 비용과 높은 가치의 혁신을 이룰 수 있다"고 했습니다. 가치사슬은 가치를 창출하기 위한 활동의 조합으로 이루어집니다. 많은 기업이 원가 절감이나 가치 제고를 추구하지만, 항상 해오던 핵심 활동의 범위에 고착되어 있기 때문에 큰 성과를 보지 못하는 경우가 많습니다. 여기에서 벗어나 자기 회사의 핵심 활동을 고객 지향적으로 확장하거나 단축하고, 나아가 핵심 활동을 근본적으로 변경해 창의적인 비즈니스모델을 창출하기 바랍니다.

07
핵심
파트너

〈뷰티플 마인드Beautiful Mind〉라는 영화를 보셨습니까? 21세에 쓴 27쪽의 박사논문을 기점으로 균형이론을 정립해 1994년에 노벨 경제학상을 수상한 존 내시John Nash에 관한 이야기입니다. 영화에서 내시는 금발 미녀를 향한 친구들의 경쟁을 지켜보던 중에 모두가 최고의 미녀를 원하면 누구도 파트너를 얻지 못한다는 것을 깨닫게 됩니다. 즉 모두가 자신의 이익만을 추구하면 '보이지 않는 손'이 최고의 결과를 가져다줄 것이라는 애덤 스미스Adam Smith와는 달리, 내시는 각 경제 주체가 자신의 이익뿐만

영화 〈뷰티플 마인드〉

아니라 집단 전체의 이익을 추구해야 최고의 결과를 얻을 수 있다는 것을 발견한 것입니다.

핵심 파트너Key Partners는 비즈니스모델을 원활히 작동시켜줄 수 있는 공급자와 파트너 간의 네트워크를 의미합니다. 전략적 제휴, 코피티션coopetition, 합작투자, 원청-하청 관계 등 다양한 형태를 포함합니다. 최근에는 협동조합의 개념도 새롭게 부각되고 있습니다. 누가 가장 중요한 파트너인가, 파트너로부터 어떤 핵심 자원을 획득하는가, 파트너가 어떤 핵심 활동을 수행하는가, 누가 미래의 핵심 파트너가 되어야 하는가 등의 질문을 통해 비즈니스모델의 혁신을 추구합니다.

모든 비즈니스는 소비자는 물론 거래처, 경쟁자, 조력자 등 많은 이해관계자와의 상호작용 속에서 이루어집니다. 이익 추구와 자유경쟁이 시장경제 체제의 근간이기는 하지만, 자기 회사가 보유하지 못한 자원이나 수행하기 어려운 활동을 보완할 수 있는 핵심 파트너와 상생함으로써 기업 생태계 전체의 성과를 높일 수도 있습니다. 그렇다면 핵심 파트너를 기반으로 비즈니스모델을 혁신하기 위해서는 어떻게 해야 할까요?

우선, 거래처와 공생할 수 있는 관계를 만드는 것입니다. 특히 자기 회사의 비즈니스에 핵심적인 원재료를 공급하는 회사와의 공생 관계는 사업의 착수와 성패에 중요한 관건이 됩니다. 전자책 사업을 개척한 두 기업, 하지만 거래처와의 공생 관계에서 명암이 갈렸던 소니와 아마존을 한번 살펴볼까요?

소니는 2003년에 리브리Librie라는 이름의 전자책 단말기를 개발하고, 일본의 상위 10개 출판사를 본사로 초대해 비밀리에 시연회를 개최합니다. 출판사들은 거대 기업인 소니와 업무협약을 체결한 후 별도의 협의를 통해 6일 후에 소유권이 만료되는 방식으로 각각 100권씩 전자책만 제공하기로 합의합니다. 종이책에 위협이 될 수 있는 리브리 사업에 대해 침묵의 사보타주를 한 것입니다. 그 결과, 소니는 1,000권의 책만으로 전자책 사업을 시작해 점차 판매 도서를 확충해나가지만, 결국 2014년에 미국과 유럽에서 사업을 철수하게 됩니다.

반면에 아마존은 전자책 단말기인 킨들Kindle 자체는 원가 수준으로 판매하고, 콘텐츠 판매를 통해 출판사와 이익을 공유하는 전략을 추진합니다. 이를 통해 2007년 출시 시점에만도 9만 권에 가까운 전자책을 확보할 수 있었고, 2013년에는 동네 서점과 제휴해 킨들과 콘텐츠를 판매하는 아마존 소스Amazon Source 서비스도 개시합니다. 그 결과, 2014년에 미국 출판 시장에서 도서 구매량이 2.7배나 증가하고, 전자책이 30퍼센트를 차지하게 되었으며, 아마존은 출판업자의 이익을 증대시키면서 세계 전자책 시장의 65퍼센트를 장악합니다.

한편, 같은 사업을 하고 있는 경쟁자와 힘을 합치면 더 큰 경쟁력을 확보하고 더 넓은 시장을 개척할 수도 있습니다. 남미나 미국 또는 유럽을 여행하다 보면 카우보이모자를 쓴 남자가 당나귀와 함께 있는 로고가 종종 눈에 띕니다. 콜롬비아의 커피 농가가 연합해 1958년에 만든 후안발데스Juan Valdez라는 캐릭터입니다. 최상급의 원두로 만든

후안발데스의 커피 카페

프리미엄 커피 브랜드를 홍보하기 위한 가상의 인물이지요. 콜롬비아 커피 농가 연합회는 국제시장의 가격 변동에 대처하는 동시에 기술과 경영의 발전을 도모하기 위해 자체적인 커피 연구소와 물류 회사를 운영합니다.

2002년 커피 카페를 오픈한 이후 2016년에는 콜롬비아를 포함해 전 세계에서 310개 이상의 매장을 운영하고 있습니다. 이러한 공동의 노력을 바탕으로 후안발데스는 2005년 미국의 「비즈니스 위크Business Week」지가 실시한 커피 전문점 브랜드 인지도 조사에서 1위를 차지하기도 했습니다. 그 결과, 지금도 후안발데스는 콜롬비아는 물론, 중남미에서 스타벅스를 꺾을 수 있는 유일한 커피 카페라는 평가를 받고 있습니다.

세 번째, 자발적으로 자기 회사의 비즈니스에 도움을 주려는 조력자를 확보할 수도 있습니다. 2012년에 설립된 일본의 링커스Linkers는 기밀 유지가 필요한 중소기업의 연구개발이나 부품 조달에 적합한 파트너를 연결하고 수수료를 받는 플랫폼 형태의 서비스입니다. 의뢰받은 과제는 등록된 지역 전문가에게 공개해 후보 회사를 추천받아 최적의 회사를 연결하는 방식으로 운영합니다. 특히 1,300명에 달하는 지역 전문가는 해당 지역의 중소기업에 정통한 지자체, 공공기관, 교육기관, 기업단체, NGO 등의 근무자입니다. 이들은 지역 경제의 발전과 지역 기업의 지원이라는 본연의 임무를 수행하기 위해 무보수의 코디네이터로 활동하는 것입니다. 공공 인프라를 통해 조력자를 확보한 링커스는 벤처기업임에도 불구하고 신속, 저렴, 신뢰의 세 가지 요소를 겸비한 서비스를 제공함으로써 입지를 구축하고 있습니다.

핵심 파트너를 지렛대로 이용하라

고대 그리스의 철학자이자 수학자인 아르키메데스Archimedes는 "충분히 큰 지렛대만 있다면 지구도 들어 올릴 수 있다"고 했습니다. 비즈니스에서도 적절한 지렛대를 찾는다면 혼자서는 할 수 없는 큰일을 해낼 수 있습니다. 이해관계자가 때로는 자기 회사의 자원과 활동을 보완해주는 중요한 비즈니스 파트너가 될 수 있다는 것입니다. 아직도 일부 기업은 자기 회사의 이익을 추구하기 위해 거래처를 압박하거나 경쟁자를 음해하는 일을 하고 있습니다. 여기에서 벗어나 거래처와 공생하고, 경쟁자와 협력하며, 조력자를 확보함으로써 기업 생태계 전체의 상생을 추구하기 바랍니다.

08
비용
구조

유럽을 여행하다가 알디^{Aldi}라는 간판을 보신 적이 있습니까? 여러 점포를 운영하던 독일의 알브레히트^{Albrecht} 형제가 1962년에 지금의 이름과 방식으로 재편해 확대한 슈퍼마켓 체인입니다. '철저히 계산하는 고객과 계산을 할 수 있는 고객'을 대상으로 할인마트보다 30퍼센트나 저렴한 가격으로 제품을 판매합니다.

알디는 코카콜라와 같은 유명 브랜드가 아니라 자체적으로 개발한 PB 상품을 주로 판매하기 때문에 상품의 종류는 1,500개 정도에 불과합니다. 공급업체와는 장기 계약을 하고, 상품은 팔레트에 박스째로 진열됩니다. 이렇듯 저비용과 저가격을 추구하면서도 철저한 품질관리와 100퍼센트 환불 정책으로 고품질까지 구현하고 있습니다. 그 결과, 알디는 2016년 18개국에서 1만 개 이상의 점포를 운영해 디스카운트 슈퍼마켓 분야의 글로벌 선도업체로 성장합니다.

알디의 영국 리버풀 매장

비용 구조Cost Structure는 비즈니스모델을 운영하는 과정에서 발생하는 모든 고정비와 변동비 및 비용 절감을 의미합니다. 어떤 비용이 드는가, 가장 중요한 비용은 무엇인가, 어떤 핵심 자원에 가장 많은 비용이 드는가, 어떤 핵심 활동에 가장 많은 비용이 드는가 등의 질문을 통해 비즈니스모델의 혁신을 추구합니다.

고객에게 가치를 창출하고 전달하기 위한 모든 자원과 활동에는 비용이 발생합니다. 대부분의 기업은 제조원가와 판매관리비를 절감하기 위해 많은 노력을 기울입니다. 모두 중요한 일입니다만, 알디처럼 비용 구조가 비즈니스모델과 조화를 이룬다면 성공 가능성이 더욱 높아질 것입니다. 그렇다면 혁신적인 비용 구조는 어떻게 구축할 수 있을까요?

첫째, 고객에게 중요한 가치를 창출하는 것에 집중하고, 상대적으로 덜 중요한 가치는 제거함으로써 비용 구조를 재편하는 것입니다. 2008년에 암스테르담에서 첫 호텔을 오픈한 네덜란드의 시티즌M^CitizenM^은 모바일 세대를 타깃으로 한 부티크호텔 체인입니다. 고객이 직접 무인기기에서 카드키를 뽑도록 함으로써 고객의 대기 시간을 줄이고 직원의 인건비도 낮춥니다. 객실은 커다란 고급 침대 하나면 꽉 찰 정도로 작게 만드는 대신에 로비는 응접실처럼 편안하게 꾸몄습니다. 또한, 레스토랑이나 스파와 같은 고비용 시설은 배제하는 대신에 24시간 식음료 서비스와 편리한 샤워부스를 설치했습니다. 특히 표준화된 객실을 사전에 공장에서 모듈식으로 제작해 설치함으로써 건설 및 유지 비용을 획기적으로 절감합니다.

이런 방식으로 첫해부터 이익을 시현한 시티즌M은 젊은 여행자들로부터 현대적인 인테리어와 가성비 높은 서비스를 제공하는 '중저가 럭셔리 호텔'로 인기를 얻고 있습니다. 그 결과, 시티즌M은 2018년 네덜란드, 영국, 미국, 프랑스 등 8개국에서 19개의 직영 호텔을 운영하는 글로벌 호텔 체인으로 성장합니다.

둘째, 저비용 혁신frugal innovation을 통해 획기적으로 비용을 절감할 수도 있습니다. 저비용 혁신은 주로 저개발국이나 저소득층을 대상으로 핵심적 기능을 단순화하면서 부차적 요소를 제거해 초저가 제품이나 서비스를 개발하는 것을 의미합니다.

'자신이 가진 것으로 어떻게든 해결하고 절대 포기하지 않는다'는 뜻의 주가드Jugaad라는 전통적 사고방식을 가진 인도가 이러한 저비용

타타의 스와치 정수기

혁신의 대표적인 나라입니다. 그중에서도 1868년에 설립된 타타그룹Tata Group이 가장 유명합니다. 타타자동차는 2008년에 2,000달러 정도의 자동차인 타타나노Tata Nano를 출시했습니다. 크게 성공하지는 못했지만 그 의도와 노력은 인정받을 만합니다.

타타화학은 2009년에 왕겨를 이용한 정수기 스와치Swach를 21달러에 출시했습니다. 스와치는 시골 주민의 75퍼센트가 정수된 물을 마시지 못해 매년 200만 명이 수인성 질병으로 사망하는 문제의 해결에 기여하면서 큰 히트를 칩니다. 타타하우징은 2012년에 코코넛 열매에서 추출한 섬유로 제작한 초저가 주택인 나노하우스Nano House를 개발해 저소득층에게 내 집 마련의 기회를 제공합니다.

그 결과, 타타그룹은 2018년에 철강, 자동차, 금융, 유통, 호텔, IT 등 120개 계열사에서 1,000억 달러 이상의 매출을 올리며 인도는 물론 전 세계인의 사랑과 존경을 받는 글로벌 복합기업으로 성장합니다.

그런가 하면, 제품과 서비스를 우리 회사에 공급하거나 우리 회사로부터 공급받는 산업 생태계 전체의 가치사슬을 연계하면 비용을 획기적으로 절감할 수 있습니다.

시랜드SeaLand는 1999년 덴마크의 머스크Maersk로 합병되었기 때문에 지금은 미주 지역 자회사의 브랜드로만 사용되고 있지만, 한때는 세계 최대의 해운 회사였습니다. 시랜드는 1956년에 세계 최초로 컨테이너 시스템을 개발한 것으로 유명합니다. 이를 통해 해상운송→하역→육상운송으로 이어지는 물류 시스템의 시간과 비용을 획기적으로 절감함으로써 글로벌 물류 생태계를 혁신적으로 재편했습니다. 트럭 기사로 출발해 화물운송 회사를 운영하던 말콤 맥린Malcolm McLean이 바로 이 시스템을 창안한 사람입니다. '컨테이너 화물운송의 아버지'로 불리는 맥린은 2007년 「포브스Forbes」지가 선정한 '20세기 후반 세계를 바꾼 인물 15인' 중 한 명으로 뽑히기도 했습니다.

마른 수건을 짜는 비용 구조에서 벗어나라

노벨 경제학상을 수상한 로널드 코스Ronald Coase는 "기업이 존재하는 이유는 시장의 거래 비용보다 기업의 관리 비용이 적기 때문이다"라고 했습니다. 대부분의 기업이 제조, 판매 및 관리 비용을 절감하기 위해 많은 노력을 기울입니다. 심지어는 "마른 수건도 다시 짜라"는 표현까지 쓰면서 말입니다. 하지만 사소한 업무의 개선에 치중하기 때문에 큰 효과를 보지 못하는 경우가 적지 않습니다. 기존의 틀에서 벗어나 핵심적 가치에 집중하고, 저비용을 추구하며, 산업 내의 가치사슬을 연계해 비용 구조를 혁신적으로 재편하기 바랍니다.

09
수익 흐름1
수익 구조

새롬기술이라는 회사를 기억하십니까? 세계 최초로 P2P 방식의 인터넷 전화인 다이얼패드를 개발한 우리나라 회사입니다. 1999년 미국에서 먼저 서비스를 시작한 후 한국에서는 2000년부터 서비스를 제공하게 됩니다.

새롬기술은 자체 통신망에 대한 투자를 하지 않고 공공재의 성격을 가진 인터넷망을 활용함으로써 전화 서비스의 비용을 획기적으로 절감할 수 있었습니다. 초기에는 다이얼패드만 팔고 무료로 서비스를 제공해 고객이 급증하면서 코스닥 황제주에 등극하

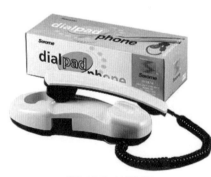

새롬기술의 다이얼패드

기도 했습니다. 하지만 2001년에 매월 30분만 무료 통화가 가능하도록 요금 체계를 변경한 이후 급속히 경쟁력을 잃고 결국은 사라지게 됩니다.

반면, 2003년에 서비스를 시작한 미국의 스카이프Skype는 인터넷 망을 이용한 통화는 무료로 제공하고, 일반 전화나 휴대폰과 연결되는 전화는 유료로 제공하는 프리미엄freemium 방식의 수익 모델을 개발해 폭발적인 반응을 얻습니다. 그 결과, 스카이프는 2013년에 7억 명의 이용자를 확보하고, 2014년에 국제전화 통화의 40퍼센트를 점유하는 세계 최대의 인터넷 전화 회사로 성장합니다.

수익 흐름Revenue Streams은 각 고객 세그먼트로부터 창출하는 수입의 유형과 규모 및 가격 책정을 의미합니다. 고객은 어떤 가치를 위해 돈을 지불하는가, 누구에게서 돈을 받을 것인가, 고객은 어떻게 돈을 지불하는가, 고객은 어떠한 지불 방식을 선호하는가, 각 수익 흐름은 총수익에 얼마나 기여하는가, 우리 업계에서 수익성이 가장 좋은 지대는 어디인가 등의 질문을 통해 비즈니스모델의 혁신을 추구합니다.

제조업체의 수익 흐름은 대부분 판매 수익, 서비스업체의 수익 흐름은 대부분 이용료로 이루어집니다. 돈을 받고 바로 제품 또는 서비스를 제공하거나, 제품 또는 서비스를 제공하고 바로 돈을 받는 것이 일반적입니다. 모두 가능한 일입니다만, 스카이프처럼 고객도 좋아할 만한 수익 흐름을 설계한다면 성공의 가능성은 더욱 높아질 것입니다. 그렇다면 혁신적인 수익 흐름은 어떻게 설계할 수 있을까요?

우선, 가능하면 지속적인 수익 흐름을 확보하는 것입니다. 단순히 일회성으로 제품이나 서비스를 공급하는 것이 아니라 장기적인 거래 관계를 유지하면서 지속적인 수익을 창출하는 것입니다.

1982년에 설립된 미국의 어도비^{Adobe}는 PDF와 더불어 포토샵, 일러스트레이터 등 시각예술 소프트웨어 분야에서 독보적인 위치를 차지하고 있는 글로벌 기업입니다. 시장점유율이 90퍼센트 이상임에도 불구하고 높은 가격으로 인한 사용자 제한과 불법복제 만연 등의 문제가 있었습니다. 그래서 어도비는 2012년에 소프트웨어의 판매를 중단하고 클라우드 기반의 온라인 서비스로 변경하는 과감한 시도를 합니다. 포토샵 하나를 판매하면 100만 원 정도의 매출을 올리지만, 구독은 매달 1만 원 정도만 들어오기 때문에 단기적인 매출 급락이 우려되기도 했습니다.

그런데 오히려 저렴한 가격 때문에 새로운 고객이 유입되고, 매월 들어오는 구독료는 상대적으로 경기부침의 영향을 덜 받아 안정적인 수익 흐름을 창출하고 있습니다. 2015년에 클라우드 서비스의 가입자가 600만 명을 넘어서고, 주가도 3년간 130퍼센트 상승합니다. 그 결과, 어도비는 2016년에 매출이 59억 달러로 증가하고, 클라우드 기반의 구독 서비스가 80퍼센트의 비중을 차지하면서 성장을 지속하고 있습니다.

두 번째, 제품이나 서비스를 제공하기 전에 미리 수익 흐름을 창출해 안정적인 경영을 도모할 수도 있습니다. 최근에 불특정 다수의 대중으로부터 제품 개발이나 창업을 위한 투자를 받는 크라우드 펀딩이 활성화되고 있는데, 수익 창출에도 이것을 활용할 수 있습니다.

바르켄스Buitengewone Varkens는 '특별한 돼지'라는 의미를 가진 네덜란드의 축산 회사입니다. 흥미로운 것은 크라우드 펀딩 방식으로 조달한 자금으로 돼지를 생산해 투자자에게 돈육과 육가공품으로 보상한다는 것입니다. 청정 환경에서 자란 돼지고기에 관심이 있는 소비자가 최소 100유로를 투자하면, 3년 동안 농장에서 기른 돼지의 고기와 소시지, 햄 등을 받을 수 있습니다.

바르켄스는 투자금 운용의 투명성을 보장하기 위해 페이스북, 트위터, 블로그 등을 통해 축산과 경영에 관한 다양한 정보를 공개합니다. 그 결과, 바르켄스는 혹시 모를 질병과 재해로 인한 손실의 걱정 없이 안정적으로 돼지를 기를 수 있고, 소비자는 좋은 품질의 제품을 받을 수 있기 때문에 생산과 소비의 공생적 선순환 고리가 확대재생산되고 있습니다.

마지막으로, 제품과 서비스의 품질에 자신 있다면 고객의 성과에 따라 사후에 수익을 확정하는 것도 좋은 방안이 될 수 있습니다.

1984년에 설립된 에네르콘Enercon은 독일이 자랑하는 강소기업 중 하나입니다. 기어리스 타입, 블레이드 타입 등 풍력 에너지 분야의 글로벌 특허를 40퍼센트나 가지고 있는 기술 선도 회사입니다. 에네르콘의 기술 선도적 시스템은 유지 보수가 저렴하고 발전 효율이 탁월하지만 초기 투자비가 많이 들어간다는 단점이 있습니다. 그래서 '에네르콘 파트너 개념'이라는 의미의 EPK^{Enercon Partner Konzept} 프로그램을 도입했습니다.

EPK는 정기 점검부터 유지 보수를 포함한 포괄적 서비스 계약을 맺고, 1년 차부터 12년 동안 97퍼센트의 가동률을 보장하며, 서비스 가격은 풍력발전 시설을 가동해서 얻는 고객의 수익에 비례하도록 책정했습니다. 그러자 고객의 90퍼센트 이상이 단순 구매보다는 EPK 계약을 선택했습니다. 실제 가동률은 98퍼센트 이상입니다. 그 결과, 에네르콘은 안정적 수익 흐름을 창출하며 신규 고객을 확보하고 재계약률을 제고해, 2014년에 독일과 유럽에서 1위, 글로벌 시장에서 5위로 성장합니다.

파는 것에서 벗어나 새로운 수익원을 설계하라

모든 비즈니스는 "돈을 보여달라^{Show me the money!}"라는 요구에 대답할 수 있어야 합니다. 수익을 창출하는 구조와 전망이 명확하게 보여야 한다는 뜻입니다. 수익 흐름은 가치를 창출하고 전달하는 활동을 통해 기업이 가치를 획득함으로써 비즈니스모델을 완성하는 중요한 요소입니다. 모든 기업이 더 큰 수익을 창출하기 위해 노력하지만, 일시적이고 단기적인 관점에서 접근하기 때문에 큰 성과를 보지 못하는 경우가 많습니다. 여기에서 벗어나 지속적 수익을 확보하고, 사전적 수익을 획득하며, 사후적 성과와 연동해 새로운 비즈니스모델을 창출하기 바랍니다.

10
수익 흐름2
가격 책정

　외국으로 여행 가면서 비즈니스석을 타보신 적이 있습니까? 처음부터 비즈니스석을 예약할 수도 있지만, 예약했던 이코노미석이 만석이 되면 운 좋게 비즈니스석으로 업그레이드되기도 합니다. 1919년에 설립된 세계 최초의 항공사인 네덜란드의 KLM이 바로 이런 행운을 가격 책정에 반영했습니다. 2013년에 '업그레이드 유어셀프Upgrade Yourself'라는 프로그램을 도입한 것입니다.

　KLM의 이코노미석을 구매하고 업그레이드를 신청한 승객은 별도의 경매 사이트에 접속할 수 있는 초대 메일을 받게 됩니다. 추가적으로 지불할 의향이 있는 금액을 입력하고 결제하면 출발 전에 낙찰 여부를 알려줍니다. 물론 낙찰되지 않으면 결제 금액을 환불받습니다. 승객은 적은 금액으로 업그레이드의 기회를 잡을 수 있고, KLM은 빈 좌석에서 추가 수익을 얻을 수 있습니다. KLM을 벤치마킹해 지금은

세계 최초의 항공사 KLM

오스트리아, 버진, 에티하드 등 30개 이상의 항공사가 이와 유사한 프로그램을 운영하고 있습니다.

가격은 경제학적으로 '재화의 가치를 화폐 단위로 표시한 것'을 의미합니다. 비즈니스에서는 '고객의 효용에 부과된 가치'로 정의합니다. 가격은 구매자에게는 비용이 되지만 판매자에게는 수익이 되어 비즈니스모델을 완성시키는 중요한 요소입니다. 가격 책정에도 다양한 기법이 있지만, 원가에 이윤을 더한 코스트 플러스cost plus 방식이 가장 일반적입니다.

그런데 KLM처럼 원가가 아닌 고객을 중심으로 가격을 책정한다면 고객의 효용과 자사의 수익을 동시에 높일 수도 있습니다. 그렇다면 고객을 중심으로 한 가격은 어떻게 책정할 수 있을까요?

첫째, 제품이나 서비스에 대해 고객이 느끼는 효용을 가격에 반영하는 것입니다. 시간의 흐름에 따라 고객 효용의 변화가 빠른 패션 상품이나 신선 식품에서 특히 의미가 있는 관점입니다.

대부분의 사람은 마트에서 우유를 살 때 제조일자를 보고 가급적 신선한 것을 고릅니다. 제조일자에 따라 가격은 같지만 효용은 다르다는 것을 의미합니다. 오늘 나온 우유는 1,000원, 어제 나온 우유는 900원, 그저께 나온 우유는 800원으로 가격을 매긴다면 어떨까요? 이러한 관점을 비즈니스에 적용한 회사가 바로 샵코Shopko입니다.

1962년에 설립된 미국의 샵코는 의류, 아동용품, 가정용품 등을 판매하는 소매유통 체인입니다. 2000년에 남은 재고를 헐값에 판매한다는 개념에서 벗어나 시간에 따라 가격을 단계적으로 책정하는 방식을 도입합니다. 상품이 처음 나왔을 때, 유행이 시작될 때, 유행이 지나갔을 때, 상품의 가치가 거의 바닥일 때 등 단계별 시점을 고객과 재고 데이터의 분석을 통해 확률 모델로 결정하는 것입니다. 단계별 가격은 선형계획법을 이용한 최적화 모델을 사용해 최대의 매출을 올릴 수 있도록 책정합니다. 그 결과, 샵코는 단기간에 매출이 14퍼센트나 향상되었고, 2016년에는 미국의 20개 주에서 300개의 점포를 운영하는 대기업으로 성장합니다.

더 나아가 고객이 스스로 자기가 구매하는 제품이나 서비스의 가격을 결정하게 할 수도 있습니다. 특히 품질이나 고객 만족에 자신이 있는 경우 적합한 방식입니다. PWYWpay-what-you-want 방식이라고 부르기도 합니다.

영국의 록밴드 라디오헤드Radiohead는 〈인 레인보우스In Rainbows〉라는 신곡의 음원을 홈페이지를 통해 판매하면서 고객이 사전에 가격을 결정하도록 했습니다. 스페인의 공연 기획사인 카라바나Caravana De Emerxencias는 4개의 밴드가 출연하는 공연을 하면서 팬들이 사후에 가

영국의 록밴드 라디오헤드

격을 결정하도록 했습니다. 우리나라의 '장기하와 얼굴들'이 이것을 벤치마킹해 2013년에 싱글앨범 〈좋다 말았네〉를 온라인 사이트를 통해 '백지수표 프로젝트'라는 이름으로 판매했습니다.

음원을 구입하려는 사람은 들어본 후 최소 10원부터 자기가 가격을 결정해 결제한 뒤 다운로드할 수 있었는데, 3,666명이 평균 976원을 내고 다운로드했고, 5만 원 이상을 낸 사람도 8명이나 있는 것으로 집계되었습니다. 거의 공짜로 다운로드한 사람이 41퍼센트나 되었지만, 전체적으로는 다운로드 패키지 상품으로 판매되는 국내 음원 시장의 평균가보다 10배나 높았습니다.

그런가 하면, 고객에게 벌을 주는 것보다는 상을 주는 방향으로 가격을 책정한다면 고객 관계를 강화하고 고객 만족을 제고할 수 있을 것입니다.

비디오 대여 사업을 놓고 명암이 엇갈렸던 두 기업, 블록버스터 Blockbuster와 넷플릭스 Netflix를 살펴볼까요? 1985년에 설립된 미국의

비즈니스모델 4.0

블록버스터는 2000년대 초반에는 25개국에서 9,000개의 점포 네트워크를 가진 세계 최대의 비디오 대여 업체였습니다. 대여료와 연체료를 받는 방식으로 요금을 정산했는데 2010년에 법정관리, 2011년에 매각, 2013년에 폐업을 선언합니다.

블록버스터를 무너뜨린 것이 1997년에 창업한 미국의 넷플릭스입니다. 비디오를 우편으로 배송하고 반납하게 하면서, 요금은 월정 회비 방식으로 하고 대여 기간의 제한을 없앴습니다. 따라서 비디오를 빨리 반납하면 더 많은 비디오를 대여할 수 있었습니다. 블록버스터의 연체료는 늦게 반납한 고객에게 벌을 주는 시스템이었지만, 넷플릭스의 월정액은 일찍 반납한 고객에게 상을 주는 시스템인 것입니다. 넷플릭스는 바로 이러한 고객 지향적 가격 방식으로 세계 최대의 비디오 대여 및 스트리밍 회사로 성장하는 초석을 쌓게 됩니다.

고객의 관점에서 가격을 책정하라

윌리엄 파운드스톤William Poundstone은 『가격은 없다Priceless』라는 저서에서 가격 책정에 대한 수십 가지의 관점을 제시합니다. 그럼에도 불구하고 많은 기업이 습관적으로 원가에 이윤을 더해 가격을 책정합니다. 그러다 보니 종종 '고객의 효용에 부과된 가치'라는 가격의 본질적 개념을 잊어버립니다. 하지만 여러분은 한 걸음 더 나아가 고객의 효용을 가격에 반영하고, 고객이 스스로 가격을 결정하며, 벌이 아닌 상을 주는 방식으로 가격을 책정해 고객 만족과 수익 흐름을 동시에 제고하기 바랍니다.

1990년대를 대표하는 비즈니스모델 :웅진코웨이

1989년에 설립된 웅진코웨이의 초기 비즈니스모델은 정수기 방문판매였습니다. 1997년에 외환위기를 맞아 매출이 급락하자, 1998년에 가전산업 최초로 렌털 방식을 도입합니다. 10만 원의 보증금과 월 2~3만 원의 렌털비를 받으면 목돈을 내고 정수기를 사는 것에 비해 소비자의 부담을 완화할 수 있다는 생각이었습니다.

특히 코디^{Cody}가 2~3개월마다 고객의 집을 방문해 정기 점검, 수질 검사, 필터 교체 등의 서비스를 제공한 것이 효과를 보이면서 1998년에만 30억 원의 흑자를 올립니다.

2009년에는 외환카드와 협력해 포인트로 렌털비를 대신 납부해주는 페이프리^{Pay Free} 카드를 선보였습니다. 사용처가 애매했던 포인트 대신에 무료로 렌털할 수 있다는 점이 소비자의 인기를 끌며 4개월 만에 6만 장의 카드가 발급되었습니다.

웅진코웨이는 이와 같이 판매와 사후관리^{After Service}를 렌털과 사전관리^{Before Service}로 전환하고, 다시 무료형으로 비즈니스모델을 발전시켜나갔습니다. 그리고 비데, 연수기, 공기청정기, 의류청정기, 매트리스 등으로 품목을 확대하며 환경가전의 대표적 기업으로 성장합니다. 2018년에는 590만 명의 회원을 바탕으로 2조 7,000억 원이 넘는 매출을 올립니다.

웅진그룹이 무리한 확장으로 법정관리를 받게 되면서 2013년에 MBK 파트너스로 매각되었던 웅진코웨이는 2019년 3월에 다시 웅진그룹에 인수되었습니다. 환경가전에 사물인터넷과 인공지능을 접목하고 있는 웅진코웨이가 초연결·초지능이라는 제4차 산업혁명의 흐름 속에서 어떻게 성장을 이어갈지 기대가 됩니다.

3장

비즈니스모델의
새로운 유형을
응용하라

5년 전, 10년 전의 비즈니스모델과 전략,
하드웨어적인 프로세스와 문화는 과감하게 버립시다.
지난 20년간 양에서 질로 대전환을 이루었듯이
이제부터는 질을 넘어
제품과 서비스, 사업의 품격과 가치를 높여나갑시다.

– 이건희 삼성그룹 회장

01
새로운 비즈니스모델의
의미

새로운 비즈니스모델은 고객에게 창출하는 가치, 가치를 전달하는 활동, 수익을 획득하는 구조를 새로운 메커니즘으로 구축한 것입니다. 증기기관의 발명을 기반으로 한 제1차 산업혁명을 통해 가내수공업에 그쳤던 많은 사업이 기계를 이용한 공장으로 재탄생하면서 비즈니스모델의 1차 빅뱅이 일어났습니다. 그리고 전기와 컨베이어 벨트의 발명을 기반으로 한 제2차 산업혁명을 통해 대량생산 체제를 중심으로 하는 비즈니스모델의 2차 빅뱅이 일어났습니다. 이 당시를 대표하던 비즈니스모델은 수직통합형이었습니다.

1901년에 JP모건이 카네기 철강회사를 인수해 설립한 US스틸은 광석 채굴부터 제품 출하까지 일관된 생산 라인의 수직계열화를 구축했습니다. 1903년에 설립된 포드 자동차는 강판, 유리, 고무 등의 원재료 생산부터 조립, 운송 등의 활동을 직접 수행하고 판매와 수리만 딜

러가 담당하는 모델로 운영했습니다. 이후 수직통합형을 수직적으로 해체해 위탁하는 수직계열형이나 수평적으로 해체해 특화하는 수평분리형으로 진전되었습니다. 이러한 수직통합형, 수직계열형, 수평분리형은 이제 전통적 비즈니스모델로 간주되고 있습니다.

비즈니스모델의 대폭발

지식정보화를 중심으로 한 제3차 산업혁명에서는 인터넷뿐만 아니라 ICT, 기술, 융합, 개방, 연결, 참여, 세계화, 지속 가능성 등의 기술적·사회적 동인으로 인해 기업의 규모가 커지고 경영의 구조가 복잡해지면서 수많은 새로운 형태의 비즈니스가 등장했습니다. 이 과정에서 흥미롭게도 음악에 대한 사랑이 새로운 비즈니스모델의 대폭발을 일으키는 단초가 됩니다.

1999년 MP3와 인터넷을 이용한 냅스터Napster가 출현하자, 음원을 제작하고 전달하고 재생하는 방식에 획기적인 변화가 일어났습니다. 음원 공유 사이트인 냅스터는 불법이라는 판결에 따라 폐쇄되었지만, 음악에 대한 사랑과 비즈니스의 혁신이 중단된 것은 아니었습니다. 지금의 애플을 탄생시킨 아이팟과 아이튠즈는 바로 냅스터의 비즈니스모델을 합법화한 것입니다. 스티브 잡스가 2001년 사업 설명회에서 누구도 발견하지 못했던 디지털 음악 산업의 레시피를 발견했다고 했는데, 그 레시피가 바로 디지털 허브Digital Hub라는 복합적 비즈니스모델입니다. 애플은 아이팟-아이튠즈의 비즈니스모델을 2007년부터 아이폰-앱스토어-아이클라우드로 발전시키며, 하드웨어와 소프트웨어 및 인터넷 서비스가 융합된 비즈니스모델을 확장했습니다. 이와 같이 새로운 비즈니스모델에 입각한 애플이 글로벌 1위의 기업으로 성장하며, 여기에서 영감을 받은 수많은 새로운 비즈니스모델이 쏟아져 나옵니다. 필자는 이것을 '비즈니스모델의 3차 빅뱅'이라고 부릅니다.

비즈니스모델의 9가지 유형

이러한 비즈니스모델의 3차 빅뱅을 통해 탄생한 새로운 비즈니스모델의 유형에 대해서는 다양한 관점과 형태가 제시되고 있습니다. 필자는 비즈니스모델 캔버스의 9개 요소와 연계해 뒤에 나오는 그림과 같이 9가지 유형으로 구분하고자 합니다. 그림 속 위치는 그 비즈니스모델의 유형이 비즈니스모델 캔버스의 어떤 요소에 중점을 두고 있는가를 표시한 것입니다. 예를 들면 무료형 비즈니스모델은 누구에게 무엇인가를 공짜로 주고 수익을 창출한다는 의미가 유추되므로, 수익과 비용의 요소에 위치시킨 것입니다. 플랫폼 비즈니스모델과 융합형 비즈니스모델이 여러 요소가 중첩된 위치에 표시된 것은 각각

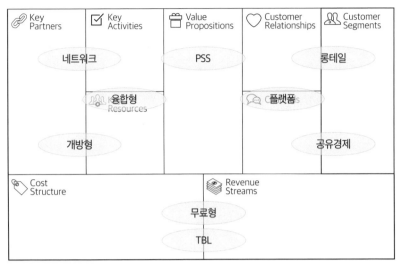

Key Partners	Key Activities	Value Propositions	Customer Relationships	Customer Segments
네트워크	융합형	PSS	플랫폼	롱테일
개방형				공유경제

Cost Structure	Revenue Streams
	무료형
	TBL

▌ 새로운 비즈니스모델의 9가지 유형 ▌

대외적 측면 또는 대내적 측면의 여러 요소와 관련이 있음을 의미합니다. 이런 관점을 바탕으로 새로운 비즈니스모델의 9가지 유형에 대해 하나씩 살펴보도록 하겠습니다.

02
플랫폼
비즈니스모델

플랫폼이라는 단어가 경영에서 의미하는 바를 정확히 아십니까? 원래 승강장, 강단, 강령 등의 다양한 의미를 가진 플랫폼은 경영에서도 다양한 의미로 사용됩니다. 1923년에 GM이 시보레, 폰티악, 캐딜락 등 여러 브랜드를 개발해 생산하면서 같은 뼈대와 부품을 활용한 것을 경영에서 플랫폼의 출발로 봅니다. 컴퓨터에서는 운영체제의 의미로 사용되기도 하지만, 지금은 내부적 활동보다 비즈니스모델이라는 관점에서 더 많이 사용되는 용어입니다.

플랫폼 비즈니스모델Platform Business Model은 '공통적이고 반복적으로 사용하는 기반 모듈을 구축해 다양한 이해관계자가 편리하게 상호작용하도록 연결하는 유형'이라고 정의할 수 있습니다. 2018년 글로벌 시장가치 10대 기업에 이름을 올린 애플, 구글, 마이크로소프트, 아마존, 페이스북, 알리바바, 텐센트 등과 최근에 급성장한 스타트업의 대부분이 이러한 플랫폼 비즈니스모델을 포함하고 있습니다. 그렇다면 플랫폼 비즈니스모델은 어떻게 구축할 수 있을까요?

가장 기본적인 것은 다수의 판매자와 구매자가 편리하게 거래할 수 있는 기반을 제공하는 방식입니다. 아마존 등의 e마켓플레이스나 음식 배달 등의 O2O 서비스가 대표적인 사례입니다. 이러한 중개 사이트는 당사자끼리 직접 거래하는 것보다 저렴하고, 편리하고, 신뢰할 수 있을 때 성공의 가능성이 높아집니다.

2008년에 설립된 영국의 네이키드와인즈Naked Wines는 온라인 와인 직거래 장터입니다. 기존 제품은 판매하지 않고, 좋은 와인을 만들지만 판매가 서툰 생산자와 좋은 와인을 싸게 사려는 소비자를 연결합니다. 이를 위해 우수한 와이너리를 발굴하면 와인 벤처캐피털과 크라우드 펀딩을 통해 자금은 물론 포장, 유통 및 판매까지 지원해 좋은 와인을 생산하는 일에만 전념할 수 있도록 도와줍니다. 또한, 와이너리를 선정하는 권한은 조예가 깊은 약 50명의 외부위원에게 일임해 신뢰도를 높였습니다. 소비자는 와이너리에 대한 공식적인 소개 자료와 함께 다른 소비자의 댓글과 평가를 참고해 제품을 고를 수 있습니다. 네이키드와인즈가 2015년에 14개국에서 130개 와이너리와 30만 회원을 확보하자, 영국 최대의 와인 유통 회사인 마제스틱와인즈Majestic Wines가 7,000만 유로에 인수합니다.

한편, 친구, 동료, 동호인 등 동질적인 사람들이 편리하게 교류할 수 있는 기반을 제공하면 플랫폼이 됩니다. 페이스북이나 트위터 등

비즈니스모델 4.0

의 소셜 네트워크 서비스가 대표적인 사례입니다. 페이션츠라이크미 PatientsLikeMe는 이와는 달리 환자들만을 위한 플랫폼을 구축했습니다.

2004년에 설립된 미국의 페이션츠라이크미는 동일한 질병에 걸린 사람들이 의료 정보와 치료 방법을 공유하는 무료 온라인 커뮤니티입니다. 환자들은 자신의 페이지에 치료법, 투여량, 효과, 부작용, 증세, 가족력, 연령, 신체 등의 정보를 기록할 수 있습니다. 페이션츠라이크미는 이용자가 사전에 동의하거나 자발적으로 제공하는 이 빅데이터를 익명화해 의료 회사에 판매하거나 임상실험 환자를 연결하며 수익을 창출합니다. 그 결과, 페이션츠라이크미는 2016년 약 40만 명의 환자가 2,500개 이상의 질병을 추적하는 환자 주도형 의료 서비스 네트워크로 발전했고, 신약 개발과 임상실험의 효율화에도 기여하고 있습니다.

그런가 하면, 많은 사람들이 이용하는 제품이나 서비스도 제3자에게 새로운 가치를 제공하는 플랫폼이 될 수 있습니다. 수많은 네티즌의 관심이나 정보를 다른 기업에 연결하는 구글의 검색 서비스가 대표적인 사례입니다. 인터넷 보안 회사인 치후360Qihoo360과 게임 회사인 밸브Valve는 이와는 조금 다르게 소프트웨어와 게임을 기반으로 플랫폼을 구축했습니다.

2005년에 설립된 중국의 치후360은 보안 소프트웨어인 360세이프가드360 Safeguard를 무료로 배포합니다. 그리고 사용자 기반을 통해 악성 프로그램의 블랙리스트와 정상 프로그램의 화이트리스트를 확보합니다. 사용자가 많아질수록 리스트가 증가해 소프트웨어가 개선됨으로써 다시 사용자가 많아지는 선순환 구조를 가지고 있습니다. 치후360은 이러한 360세이프가드를 자사의 새로운 제품을 홍보하고 판매하는 채널로 활용합니다. 더 나아가 다른 소프트웨어 회사의 제품이나 서비스를 광고하고 판매하는 플랫폼으로 발전시켜 수익을 창출합니다. 이를 바탕으로 치후360은 클라우드, 메신저 등으로 사업을 확장하면서 2015년에는 18억 달러의 매출을 올리는 인터넷 기업으로 성장합니다.

1996년에 설립된 미국의 밸브는 하프라이프Half-Life라는 게임을 출시했습니다. 해커들이 수정한 제품을 개발할 정도로 인기를 끌자, 2003년에 스팀Steam이라는 온라인 소프트웨어 채널을 구축해 이들이 개발한 다양한 패치를 배포했습니다. 또한 다른 게임 제작사가 게임을 유통하고 여러 게임 이용자가 아이템을 거래할 수 있는 플랫폼으로 발전시켜 새로운 수익원을 창출합니다. 그 결과, 스팀은 2015년 6,000개 이상의 게임이 35억 달러나 판매되는 게임 분야의 지배적인 플랫폼으로 자리를 잡았습니다. 2016년부터는 1억 3,000만 명의 활성 이용자와 1,300만 명의 동시 접속자를 기반으로 가상현실 분야의 콘텐츠 플랫폼으로 발전하려는 전략을 추진하고 있습니다.

플랫폼으로 비즈니스를 지배하라

10년 기업이 100년 기업을 이기는 가장 중요한 비결이 플랫폼입니다. "모든 것은 플랫폼으로 통한다"라고 말할 정도입니다. 다수의 이해관계자가 참여하는 플랫폼 비즈니스모델은 네트워크 효과가 발생되기까지는 수익 창출보다 가치 제공에 집중해야 합니다. 다수의 판매자와 구매자가 편리하게 거래할 수 있는지, 동질적인 사람들이 편리하게 교류할 수 있는지, 많은 사람이 이용하는 제품과 서비스는 없는지 살펴보십시오. 글로벌 기업으로 성큼 다가서는 지름길을 찾을 수 있을 것입니다.

03
공유경제
비즈니스모델

기업 가치가 가장 큰 글로벌 스타트업이 어디인지 아십니까? 미국 스타트업 투자 분석 업체 CB인사이츠^{CBInsights}에 따르면, 2018년 3월을 기준으로 우버^{Uber}, 디디추싱^{滴滴出行}, 샤오미^{小米}, 메이투안^{美团}, 에어비앤비^{Airbnb}순으로 나타났습니다. 이 중에서 우버, 디디추싱, 에어비앤비에는 공통점이 하나 있습니다. 바로 공유경제에 입각한 비즈니스를 전개하고 있다는 것입니다.

공유경제 비즈니스모델^{Sharing Economy Business Model}은 '소유가 아닌 사용의 개념에 입각해 다수의 소비자가 재화를 협업해 소비할 수 있도록 지원하는 유형'이라고 정의할 수 있습니다. 미래학자인 제레미 리프킨^{Jeremy Rifkin}은 "머지않아 소유의 시대가 막을 내리고 접근이 경제활동의 중심이 되는 시대가 열릴 것"이라고 했습니다. 소유 가치보다는 공유, 교환 및 재활용을 통해 사용 가치를 극대화하는 일이 더 중요해진다는 것입니다. 우리나라에서는 외환위기를 겪으면서 "아껴 쓰고, 나눠 쓰고, 바꿔 쓰고, 다시 쓰자"는 '아나바다 운동'이 부각되었고, 세계적으로는 2008년 금융위기 이후 공유경제에 대한 인식이 확산되고 있습니다. 특히 세계경제포럼의 설립자인 클라우스 슈밥Klaus Schwab은 2016년 포럼에서 제4차 산업혁명을 촉발시키는 23가지 변화를 제시했는데 인공지능, 사물인터넷, 로봇공학 등의 기술적 요인과 더불어 경제적·사회적 요소로는 유일하게 공유경제를 포함했습니다. 그렇다면 공유경제 비즈니스모델은 어떻게 개발할 수 있을까요?

먼저, 소비자가 자기의 재화를 다른 소비자에게 대여할 수 있도록 중개하는 것입니다. 민박을 중개하는 에어비앤비나 자가용을 중개하는 우버 등이 대표적인 사례입니다. 그런데 이러한 공유경제 비즈니스모델은 종종 기존 법규와 충돌해 문제를 일으킵니다. 이러한 문제를 전혀 유발하지 않는 리퀴드스페이스LiquidSpace에서 교훈을 얻어볼까요?

2010년에 오픈한 리퀴드스페이스는 기업과 건물주가 보유한 여유분의 업무 공간을 빌려줄 수 있도록 웹과 앱으로 중개하는 사이트입니다. 다양한 유형의 사무실, 회의실, 작업실 등을 복잡한 계약서 없이 간단하게 시간제 또는 기간제로 빌릴 수 있습니다. 2012년부터는 글로벌 호텔 체인인 매리어트Marriott와 제휴해 투숙객은 물론 비투숙객에게도 콘퍼런스룸 등을 대여합니다. 매리어트는 유휴 공간을 활용해 추가 수익을 올리면서 전문직 종사자들을 투숙객으로 유치합니다. 그 결과, 리퀴드스페이스는 2016년에 전 세계 1,800개 도시에서 업무 공간을 확보하고, 6만 개 이상의 업무 공간을 중개한 공유경제 분야의 유망 스타트업으로 성장합니다.

더 나아가 소비자가 자기의 재화를 다른 소비자에게 판매하도록 중개할 수도 있습니다. 중고 물품 거래 사이트가 대표적인 사례입니다. 그런데 유형의 재화가 아닌 지적 노하우나 디지털 재화에도 이러한 방식의 공유경제 비즈니스모델이 가능합니다.

2006년에 설립된 미국의 티처스페이티처스TeachersPayTeachers는 교사가 자기의 교수법과 강의안을 다른 교사와 공유할 수 있도록 웹과 앱으로 중개하는 사이트입니다. 유치원부터 단과대학 수준의 다양한 교과 계획, 실험 계획, 강의 교안, 수업 활동, 연습문제 등을 공유해 교육의 질을 높이는 데에도 기여합니다. 대부분 5달러 내외의 금액으로 판매되는데, 티처스페이티처스는 판매 금액의 15퍼센트를 수수료로 받습니다. 100만 달러 이상을 판매한 교사가 수십 명에 이르면서 '교사 기업인Teacherpreneur'이라는 신조어까지 만들어졌습니다. 이러한 인기를 바탕으로 티처스페이티처스는 2016년 기준으로 220만 건의 교육 자료가 업로드되어 있고, 전 세계에서 400만 명의 회원을 확보해 누적 매출이 2억 5,000만 달러에 이릅니다.

한편, 여러 소비자가 처음부터 재화를 소유하지 않고 공동으로 이용하게 할 수도 있습니다. 자동차에서는 우리나라의 쏘카Socar와 같은 방식의 원조인 미국의 집카Zipcar가 대표적인 사례입니다. 최근에 많은 글로벌 자동차 회사가 자동차 산업이 제조-유통-구매에서 제조-공유로 전환되는 것에 대비해 이러한 카셰어링 비즈니스를 도입하고 있습니다.

이와 관련해 독일의 다임러벤츠는 2008년에 카투고Car2Go, 폭스바겐은 2011년에 퀵카Quicar, BMW는 2011년에 드라이브나우DriveNow라는 이름으로 카셰어링 서비스를 출시했습니다. 아우디는 2015년에 프리미엄 서비스인 아우디엣홈Audi at Home, 포드는 2016년에 리스 공유 서비스인 포드크레딧링크Ford Credit Link를 출시했습니다. 특히 1995년에 온스타OnStar라는 이름으로 내비게이션, 비상 호출, 차량 점검, 차량 추적 등의 텔레매틱스 서비스를 출시했던 GM이 적극적입니다. GM은 2011년에 P2P 서비스인 릴레이라이즈RelayRides에 1,300만 달러를 투자하고, 2016년에 카풀 서비스인 리프트Lyft에 5억 달러를 투자했으며, 폐업하는 카풀 서비스인 사이트카Sidecar의 핵심 인력과 자산을 인수했습니다. 이러한 역량을 기반으로 GM은 메이븐Maven이라는 통합 브랜드의 카셰어링 서비스를 출시해 자동차 산업의 미래를 준비하고 있습니다.

공유경제로 세상을 바꿔라

2011년 「타임^{Time}」지는 자원 절약, 오염 저감, 불황 극복 등에 기여할 수 있다는 점에서 공유경제를 '세상을 바꾸는 10대 아이디어'의 하나로 선정했습니다. 구매력이 부족한 고객이 소유하지 않고도 사용할 수 있다는 점에서 경기 침체기에 중요한 의미가 있습니다. 한편, 공유경제는 중국이 2016년을 발전의 원년으로 선포할 정도로 모든 회사가 주목해야 할 트렌드의 하나입니다. 소비자가 자기의 재화를 다른 소비자에게 대여하거나 판매하고, 나아가 소유하지 않고 공동으로 이용할 수 있게 해보십시오. 세상을 바꾸면서도 수익을 창출할 묘수를 찾을 수 있을 것입니다.

04
롱테일
비즈니스모델

아마존에서 판매되는 책이 몇 종이나 되는지 아십니까? 2018년 기준 총 82개 언어로 5,000만 종 이상의 다양한 책이 등록되어 있습니다. 서점 업계 1위였던 반스앤노블Barnes & Noble이 경영난의 어려움을 겪고, 2위였던 보더스Borders가 파산한 것은 바로 오프라인보다 엄청나게 많은 종류의 책을 판매할 수 있는 아마존의 온라인 파워 때문이었습니다. 이런 아마존이 최대 400개의 오프라인 서점인 아마존 북스Amazon Books를 개설해 온·오프라인을 통합하는 옴니채널 전략을 추진하겠다고 발표했습니다.

2015년에 510제곱미터 규모의 시애틀 1호점, 2016년에 700제곱미터 규모의 샌디에이고 2호점을 개설한 후, 2018년에는 총 17개 매장을 운영하고 있습니다. 이 서점들에서는 빅데이터를 바탕으로 선정한 약 6,000종의 지역 맞춤형 인기 도서만 판매합니다. 즉 공간적 제약이

아마존 북스의 티가드 매장

있는 오프라인 서점은 "20퍼센트의 원인이 80퍼센트의 결과를 만든다"는 '파레토의 법칙'에 의거해 인기 도서를 중심으로 한 '짧은 머리' 영업을 전개합니다. 반면에 온라인 서점은 인기 도서는 물론 틈새 도서, 희귀 도서 등을 중심으로 한 '긴 꼬리' 영업을 전개하는 것입니다.

이와 같이 구매 비중이 낮은 수많은 소액 고객이나 판매 빈도가 적은 수많은 틈새 상품의 거래에 주력하는 유형을 '롱테일 비즈니스모델Long Tail Business Model'이라고 합니다. 롱테일의 개념을 주창한 크리스 앤더슨Chris Anderson은 미디어 산업의 변화에 주목하면서 소수의 히트 상품을 대량 판매하던 방식에서 다수의 틈새 상품을 소량 판매하는 형태로 변해갈 것이라고 했습니다. 그렇다면 무형의 미디어가 아닌 유형의 제품을 중심으로 한 롱테일 비즈니스모델은 어떻게 운영할 수 있을까요?

비즈니스모델 4.0

첫째, 다품종 소량의 제품을 자체적으로 개발해 생산하고 판매할 수 있습니다. 그런데 이 방식은 소품종 대량 방식에 비해 원가나 재고의 부담이 크기 때문에 고도의 기술이 뒷받침되지 않으면 큰 사업으로 발전하기 어렵다는 것이 일반적인 생각입니다. 이것을 멋지게 극복한 홍링紅領그룹을 한번 살펴볼까요?

1995년에 설립된 중국의 홍링그룹은 '붉은 칼라Red Collar'라는 의미를 가진 의류 제조 회사입니다. 처음에는 OEM으로 옷을 생산하다가 2003년부터 고객이 웹과 앱으로 주문한 맞춤옷을 직접 제작해 판매합니다. 전통적 롱테일 방식의 하나인 맞춤옷은 기본적으로 고가의 오프라인 사업입니다. 홍링그룹은 이것을 C2Mconsumer to manufacturer 방식이라는 저렴한 온라인 사업으로 재편한 것입니다.

칭다오 공장의 직공들은 고객이 직접 설계한 수치를 모니터로 보면서 연간 100만 벌의 옷을 생산합니다. 여기에서 더 나아가 210만 명의 체형을 바탕으로 개발한 100만 개의 패턴으로 1,000조 개가 넘은 디자인의 조합을 선택할 수 있는 편리한 프로그램을 제공합니다. 그 결과, 홍링그룹은 2010년에 「포천Fortune」이 뽑은 세계 100대 의류 회사의 하나로 선정되고, 2015년에 1,800억 원의 매출을 올리며 미국과 유럽으로도 진출한 유망 기업으로 성장합니다.

둘째, 외부에서 개발한 다품종 소량의 제품을 자체적으로 생산해 판매할 수도 있습니다. 예컨대 3D 프린터로 제품은 비교적 쉽게 개발할 수 있지만 생산하고 판매하기는 쉽지 않습니다. 이것을 지원해주는 곳이 바로 쉐이프웨이즈Shapeways입니다.

2007년 네덜란드에서 필립스Philips의 사내 벤처로 출발해 미국으로 옮긴 쉐이프웨이즈는 개인이 디자인해 업로드한 패션 소품이나 산업 제품 등을 주문받아 3D 프린터로 생산해 판매하는 온라인 마켓플레이스입니다. 2D 이미지를 3D 도면으로 전환하는 툴 등을 지원해 아이디어만 있으면 누구나 설계도를 만들 수 있습니다. 고객이 디자인과 함께 플라스틱, 메탈, 자기 등 50여 가지의 재료 중 원하는 것을 선택하면 바로 제조원가가 산출됩니다. 개발자가 가격을 정하고 등록된 디자인을 주문받으면 제조원가와 3.5퍼센트의 판매 수수료를 차감합니다. 자기가 고안한 디자인을 제작비만 받고 출력해주기도 하면서 2014년에 월 프린팅 건수가 18만 건으로 급증합니다. 이러한 인기를 바탕으로 쉐이프웨이즈는 2016년에 2개의 오프라인 공장에서 생산한 제품을 110개 이상의 국가로 배송하면서 3D 제품의 출력 대행, 마켓플레이스 및 커뮤니티로서의 위상을 구축합니다.

셋째, 외부에서 개발하고 생산한 다품종 소량 제품의 판매를 중개할 수도 있습니다. 누구나 아이디어만 있으면 제품을 제작해 판매하려는 제조자 운동maker movement의 선봉에 선 엣시Etsy가 대표적인 사례입니다.

2005년에 설립된 미국의 엣시는 개인이나 소상공인이 만든 핸드메이드 수공예품이나 의류를 판매하기 위한 온라인 쇼핑몰입니다. 공장에서 만들어진 대량생산 제품이 아니라 제작자의 개성이 살아 있는

비즈니스모델 4.0

4,000만 종의 소량 제품을 거래한다는 것이 아마존과 다른 점입니다. 엣시는 기능, 색상, 지역, 시간 등에 따른 다양한 분류 및 검색 시스템을 제공하고, 20센트의 등록 수수료와 3.5퍼센트의 판매 수수료를 받습니다. 오프라인에서 교육, 전시 및 커뮤니티의 기회를 제공하는 엣시랩스Etsy Labs도 개설했습니다. 그 결과, 엣시는 2015년 전 세계에서 연간 최소 1회 이상 거래한 160만 명의 제조자와 2,400만 명의 구매자를 포함해 6,000만 명의 회원을 확보합니다. 이를 토대로 24억 달러의 매출을 올리고, 뉴욕 나스닥에 성공적으로 상장되며 기업 가치가 35억 달러로 상승합니다.

티끌을 모아 태산을 만들어라

2016년의 세계경제포럼을 정리한 책인 『클라우스 슈밥의 제4차 산업혁명The Fourth Industrial Revolution』에는 제4차 산업혁명을 촉발시키는 23가지 변화가 제시되어 있습니다. 그중에서도 인공지능과 3D 프린팅은 5가지의 변화에 직접적으로 언급되고, 다른 많은 변화에 영향을 미칠 정도로 중요한 요소입니다. 비즈니스모델의 관점에서 보면 인공지능은 서비스, 3D 프린팅은 제품의 영역을 개인 맞춤화하는 롱테일의 경향을 심화시킬 것입니다. 많은 기업이 매출 증대를 위해 대박 상품의 개발이나 큰손 고객의 유치를 꿈꿉니다. 하지만 이와는 달리, 다양한 틈새 상품을 수많은 소액 고객에게 제공하는 롱테일 비즈니스모델을 시도해보십시오. 티끌을 모아 태산을 만드는 신세계를 열 수 있을 것입니다.

05
융합형
비즈니스모델

'6차 산업'이라는 말을 들어보신 적 있습니까? 전라북도 임실은 1차 산업인 농축산, 2차 산업인 제품 가공, 그리고 3차 산업인 체험 관광을 결합한 치즈 마을로 유명합니다. 이와 같이 1·2·3차 산업을 융합한 비즈니스를 6차 산업이라고 부릅니다.

한편, 일본 아오모리현의 이나카다테田舍館 마을은 1993년부터 다양한 색상의 벼로 논을 디자인하는 라이스코드Rice-code 프로젝트를 진행하고 있습니다. 스마트폰 앱으로 특정한 디자인을 스캔하면 쌀에 대한 정보를 확인해 구매할 수도 있습니다. 전망대를 설치해 입장료를 받고 모를 심는 체험 관광도 제공합니다. 기차역까지 '라이스아트역Rice Art Station'으로 개명해 생산지 및 관광지로서의 명성도 높이고 있습니다.

이와 같이 상이한 가치사슬, 상이한 사업, 상이한 산업 등 이질적 영역의 융합을 바탕으로 새로운 비즈니스를 창출하는 유형을 '융합형

일본 이나카다테의 라이스코드

비즈니스모델Convergence Business Model'이라고 합니다. 원래 유선과 무선, 방송과 통신의 융합에서 출발한 개념이 점차 다양한 기술과 분야의 융합으로 확산되고 있습니다. 그렇다면 융합형 비즈니스모델은 어떻게 발굴할 수 있을까요?

　먼저, 상당한 관련은 있으나 분리되어 있던 가치사슬을 융합하면 새로운 사업을 만들 수 있습니다. 수요자의 관점에서는 하나의 일을 위한 것이지만, 공급자의 관점에서는 상이한 일로 간주하던 것을 하나의 가치사슬로 연결하는 것입니다. 농기계와 농업을 ICT로 융합한 존 디어John Deere가 대표적인 사례입니다.

　1837년에 설립된 미국의 존디어는 트랙터와 같은 농기계 분야에서 유명한 브랜드입니다. 그런데 지금은 이 농기계에 GPS, 모니터, 센서 및 사물인터넷을 탑재해 장비 상태는 물론 영농처방 정보와 기술을 제공합니다. 예를 들면 파종 장비는 토양 상태 등에 따라 자동으로 씨

앗의 조밀도를 조절하고, 비료 분사기는 작물의 생육에 따라 자동으로 분량을 조정하는 식입니다. 이러한 텔레매틱스와 정밀 농업기술을 통해 유지 보수의 적시성을 확보하고 농기계와 토지의 생산성을 제고합니다. 2012년부터는 이 마이존디어My John Deere 플랫폼을 앱 개발자와 관련 기업에 오픈해 생태계를 구축하고 있습니다. 그 결과, 존디어는 시가총액이 2013년 310억 달러에서 2018년 430억 달러로 급증하고, 농기계는 물론 농업 자체까지 선도하는 글로벌 농업기술 회사로 성장합니다.

한편, 부분적으로 관련은 있으나 분리되어 있던 사업을 융합하면 새로운 사업이 될 수 있습니다. 서점과 카페를 결합하는 것 등이 대표적입니다. 시멘트 공장과 화력발전소를 하나의 사업으로 융합한 멋진 사례도 있습니다.

1946년에 설립된 TCC는 대만 1위의 시멘트 회사입니다. 1995년부터 허핑플랜트Hoping Plant의 건설을 추진해 2002년부터 화롄 시멘트 공장과 허핑 화력발전소를 본격적으로 운영하고 있습니다. 화력발전소는 유연탄을 연소시키는 과정에서 황 성분을 제거하기 위해 인접한 시멘트 공장에서 석회석을 공급받습니다. 연소된 석탄재와 탈황석고 등의 부산물은 파이프라인을 통해 다시 시멘트 공장으로 이송합니다. 시멘트 공장은 이 부산물을 석회석과 혼합해 고급 시멘트의 원료로 100퍼센트 재활용합니다. 이질적인 시멘트 사업과 화력발전 사업을 융합해 원료, 부산물, 환경 및 물류에서 시너지 효과를 극대화한 것입니

대만 TCC의 화롄 시멘트 공장

다. 이를 토대로 허핑플랜트는 영업이익과 기업 가치를 몇 배나 제고하면서 전 세계 친환경 시멘트 공장과 화력발전소의 벤치마킹 대상이 될 정도로 성공을 거두었습니다.

또한, 크게 관련이 없던 산업에 속한 사업도 잘 융합하면 새로운 사업이 될 수 있습니다. 의료와 관광을 결합한 의료 관광이 대표적인 사례입니다. 한 걸음 더 나아가 제품과 의료 및 보험을 융합하기도 합니다.

미국의 스타트업인 빔Beam은 2012년에 빔브러쉬Beam Brush를 출시했습니다. 센서와 블루투스를 사용해 스마트폰 앱으로 사용자의 양치질 습관을 기록할 수 있는 전동 칫솔입니다. 즉 언제 얼마나 어떻게 양치질을 하는지를 분석해 평가하고, 그 결과를 전송할 수도 있습니다. 최소 2분 이상, 매일 2회 이상 닦지 않으면 양치질을 잘못한 것으로 체크됩니다. 타이머가 있어 2분 동안 자기가 좋아하는 음악을 들으면서 지루하지 않게 이를 닦도록 합니다. 전동 칫솔은 50달러, 교체용 칫솔모는 4달러에 판매합니다. 그런데 빔은 단순히 제품을 판매하는 데 그치지 않았습니다. 2015년에는 이 전동 칫솔로 양치질을 잘하면 1년간 치과 서비스의 할인을 제공하는 프로그램을 99달러에 출시합니다. 2016년에는 양치질 습관에 따라 최대 25퍼센트나 저렴한 치과보험 프로그램을 출시합니다. 빔은 이 사업 아이디어로 543만 달러의 펀딩까지 받고, 2017년에 미국 47개 주에서 10만 명의 치과의사 네트워크를 구축합니다. 빔이 얼마나 성공할지, 그리고 다른 헬스케어 웨어러블 제품에 어떻게 응용될지 지켜보는 일도 재미있을 것입니다.

이질성을 융합해서 새로움을 창조하라

하이브리드 hybrid는 원래 '잡종'이라는 조금 나쁜 어감을 가진 단어입니다. 하지만 근래에는 긍정적인 의미의 혼합물이나 혼성체를 지칭하는 말로 바뀌고 있습니다. 그만큼 융합하는 것이 중요하고 대세가 되었다는 사실을 단적으로 보여줍니다. 많은 기업이 자기 사업에 한계를 설정하고 스스로 그 속에 갇히는 경우가 많습니다. 시야를 넓혀 서로 다른 가치사슬을, 서로 다른 사업을, 서로 다른 산업을 융합해보십시오. 새로운 비즈니스를 창조하는 산실을 마련할 수 있을 것입니다.

비즈니스모델 4.0

06
개방형
비즈니스모델

C&D는 '연결·개발^{connect & develop}'을 줄인 말로, 기업 스스로 연구해 개발하는 R&D와 달리 외부와 내부의 아이디어 및 기술을 결합해 개발하는 것을 의미합니다. 생활용품 산업의 선도 기업인 P&G가 2001년에 C&D를 서비스마크로 등록하고 신제품 개발을 위한 지적 원천의 50퍼센트를 외부에서 확보하겠다고 선언했습니다. 이를 통해 신제품의 개발 주기를 줄이고 성공 확률을 높인 P&G는 2013년에 C&D 홈페이지를 영어는 물론 중국어, 일본어, 독일어, 프랑스어 등 글로벌 사이트로 재편합니다. 전문가와 더불어 일반인의 참여를 확대하기 위한 전략의 일환입니다. 더 나아가 P&G는 제품 출시 3년 후 또는 특허 등록 5년 후에는 자체 개발한 특허를 대외적으로 개방한다는 '3/5 프로그램'을 통해 로열티 수입의 창출도 적극적으로 추진합니다.

이와 같이 많은 외부 파트너와의 체계적 협력을 통한 개방형 혁신을 바탕으로 제품이나 서비스의 연구와 개발을 추진하는 유형을 '개방형 비즈니스모델Open Business Model'이라고 합니다. 개방형 혁신의 개념을 주창한 헨리 체스브로는 지식의 공유와 변화가 빠르게 이루어지는 상황에서는 기업 외부의 지식과 기술을 활용해야 더 많은 가치를 창출할 수 있다고 했습니다. 그렇다면 개방형 비즈니스모델은 어떻게 추진할 수 있을까요?

가장 기본적인 것은 외부의 아이디어와 기술을 기업 내에서 활용하는 아웃사이드-인outside-in 방식입니다. 고객 커뮤니티가 평가하는 온라인 공모전을 통해 디자인을 선정해 티셔츠를 생산하는 스레드리스Threadless가 대표적인 사례입니다. 인공심장박동기로 유명한 메드트로닉Medtronic도 많은 시사점을 안겨줍니다.

1949년에 설립된 미국의 메드트로닉은 R, 즉 연구research의 99퍼센트는 외부 전문가에게서 확보하고, 내부의 연구원은 D, 즉 개발development에 주력합니다. 이를 위해 2009년 위키피디아를 벤치마킹해 유레카Eureka 사이트를 오픈하고 전 세계 의사로부터 아이디어를 수집합니다. 벤처기업의 아이디어를 채택해 초기 자금을 지원하며 육성하는 인큐베이팅 사업도 병행합니다. 또한, 연간 이익의 50퍼센트는 주주에게 배당하고 나머지 50퍼센트는 인수합병에 활용합니다. 이를 토대로 메드트로닉은 매년 수십 개의 신제품을 꾸준히 출시할 수 있었고, 2015년에는 203억 달러의 매출을 올리면서 존슨앤존슨Johnson & Johnson에 이어 글로벌 2위의 의료기기 회사로 성장합니다.

2016년 게임개발자회의의 언리얼 엔진 세션

이와는 반대로, 보유하고 있는 기술이나 노하우를 외부에 개방해 수익을 창출하는 인사이드-아웃inside-out 방식도 개방형 비즈니스모델의 한 유형입니다. 무선통신의 원천 기술을 보유하고 휴대폰 회사와 통신 회사로부터 로열티를 받는 퀄컴Qualcomm이 대표적입니다. 게임 분야에서는 에픽게임즈Epic Games가 멋진 사례를 보여줍니다.

1991년에 설립된 미국의 에픽게임즈는 1998년에 3차원 슈팅 게임인 언리얼Unreal을 출시했습니다. 그리고 언리얼을 개발하면서 사용했던 각종 프로그램을 모아 다음에 비슷한 게임을 만들 때 사용하기 위한 언리얼 엔진Unreal Engine을 같이 공개했습니다. 이것을 이용하면 코딩 작업을 제거해 게임을 만드는 데 필요한 노력과 시간을 수십분의 1로 줄일 수 있습니다.

그런데 뜻밖에도 전 세계의 많은 게임 제작 회사로부터 문의 전화가 쇄도했습니다. 그러자 에픽게임즈는 이용료를 받고 언리얼 엔진을 사용할 수 있게 했습니다. 2015년부터는 누구나 사용할 수 있도록 개방하고, 게임 제작 회사가 이것을 이용한 게임으로 분기당 3,000달러를 초과하는 수익을 창출하면 추가 수익의 5퍼센트를 로열티로 받습니다. 그 결과, 2017년에 언리얼 엔진의 누적 이용자는 210만 명에 이르고 텐센트, 일렉트로닉아츠, 넥슨, 엔씨소프트 등 국내외 유명 게임 회사가 자사의 게임 개발에 사용할 정도로 입지를 굳힙니다.

한편, 연구개발 과제를 가진 기업과 솔루션을 가진 전문가를 연결해주는 플랫폼을 활용하면 이러한 개방형 혁신을 더 편리하게 추진할 수 있습니다. 이노센티브Innocentive가 가장 대표적입니다.

2001년에 일라이릴리라는 제약 회사가 특정 과제를 위한 공모전으로 운영하던 이노센티브는 2005년에 별도의 조직으로 분리되었습니다. 연구개발 과제를 크라우드 소싱으로 연결하며 연회비와 수수료를 받는 방식으로 재편한 것입니다. P&G, SAP, 듀폰, 보잉, 노바티스, 록펠러재단 등 유수의 기업이 다양한 연구개발 과제를 등록합니다. 그러면 많은 전문가가 솔루션을 제시하고, 선정된 최적안에 수천 달러에서 100만 달러까지의 상금을 지급합니다.

가장 유명한 것이 엑슨모빌 난제를 해결한 일입니다. 1989년 알래스카에서 좌초된 유조선의 기름이 얼음과 엉겨 붙어 굳으면서 오랫동안 제거하기가 어려웠습니다. 그러던 중 2007년 이노센티브에 상금

2만 달러를 걸고 솔루션을 공모했는데, 시멘트 회사 엔지니어의 아이디어로 문제가 해결됩니다. 2019년 현재 등록된 전문가는 190개 국가, 39만 명에 이릅니다. 이러한 인기를 바탕으로 이노센티브는 2,000개 이상의 도전 과제, 16만 2,000개 이상의 솔루션, 2,000만 달러 이상의 상금이 누적될 정도로 세계적인 기술 중개 회사로 성장합니다.

비즈니스의 문호를 개방하라

IBM이 2015년에 발표한 '글로벌 임원 연구The Global C-suite Study'에 따르면, 글로벌 기업들이 가장 많이 시도하려는 새로운 비즈니스모델이 바로 개방형이었습니다. 무려 49퍼센트가 시도하고 있다고 응답해 41퍼센트인 플랫폼 비즈니스모델이나 25퍼센트인 롱테일 비즈니스모델을 훌쩍 앞지릅니다. 그런 점에서 개방형 비즈니스모델은 글로벌 기업에서 인기 순위 1위라고 할 수 있습니다. 기업 외부의 아이디어나 기술을 안으로 흡수하거나, 기업 내부의 기술이나 노하우를 밖에서 활용해보십시오. 더 많은 사업과 더 큰 수익으로 가는 문을 찾을 수 있을 것입니다.

07
네트워크
비즈니스모델

　세계에서 통신료가 가장 싸면서도 수익성이 가장 좋은 모바일 통신사가 어디인지 아십니까? 중국의 차이나모바일도, 영국의 보다폰도 아닌 인도의 에어텔^{Airtel}입니다.

　바르티그룹^{Bharti Group}이 1995년에 설립한 에어텔은 2015년 20개 국가에서 3억 4,000만 명에 이르는 가입자를 확보해 16조 4,000억 원의 매출을 올린 세계 3위의 모바일 통신사입니다. 2004년부터 보유하고 있던 통신 네트워크를 매각하고 고객관리, 인사관리, 재무관리 및 전략기획을 제외한 대부분의 업무를 아웃소싱해 운영 비용과 통신 요금을 획기적으로 절감하고 있습니다. 네트워크는 에릭슨과 보다폰, 지원 업무는 IBM, 기지국 운영은 별도 회사를 이용하고, 영업은 고드레지와 유니레버를 활용합니다. 이런 방식으로 분당 1센트라는 세계에서 가장 싼 통신 서비스를 제공하는 에어텔은 이익이 많고 부채가 없는 것으로도 유명합니다.

이와 같이 네트워크 중심 기업이 글로벌 차원의 많은 업체나 개인을 제품이나 서비스 조달 및 생산에 참여시키는 유형을 '네트워크 비즈니스모델Network Business Model'이라고 합니다. 단순히 노동집약적 또는 비핵심적 업무를 아웃소싱하는 수준을 넘어 연구개발, 생산, 판매 및 AS까지 글로벌 차원의 아웃소싱으로 발전하고 있습니다. 그렇다면 네트워크 비즈니스모델은 어떻게 설계할 수 있을까요?

먼저, 특정한 소수에게 핵심 업무를 아웃소싱하는 BPObusiness process outsourcing 방식이 있습니다. TV의 기획, 마케팅 및 고객 서비스만 직접 수행하고, 개발, 생산, 조립, 판매 및 AS는 전문업체를 활용하는 비지오Vizio가 대표적입니다. 산업재 부문에서는 램리서치Lam Research가 많은 시사점을 줍니다.

1980년에 설립된 미국의 램리서치는 외부 파트너와의 전략적 제휴를 통해 '변동 가능한 가상 기업Variable Virtual Company'의 형태로 운영하는 반도체 장비업체입니다. 인사, 회계, IT, 시설관리, 고객 서비스, MRO 구매, 모듈엔지니어링 등의 기능은 파트너에게 아웃소싱하고 반도체 장비를 설계, 제조, 판매 및 서비스하는 업무에 집중합니다. 2004년에는 캡원소스CapOneSource라는 협업 회사를 설립했습니다. 여기에 참여한 회사는 각 분야에서 최고의 역량을 보유한 파트너의 표준화된 사업 프로세스를 활용함으로써 아웃소싱 비용을 획기적으로 절감할 수 있습니다. 이를 토대로 램리서치는 상당한 규모의 고정비를 변동비로 전환할 수 있었고, 2015년에 59억 달러의 매출과 8억 달러의 영업이익을 시현하는 글로벌 회사로 성장합니다.

두 번째, 특정한 다수에게 핵심 업무를 아웃소싱하는 SCM supply chain management 방식이 있습니다. 화장품 분야의 나투라 Natura와 의류 분야의 리앤펑 Li & Fung이 같은 듯 다른 방식으로 멋진 성공 사례를 보여줍니다.

1969년에 설립된 브라질의 나투라는 아마존 생태계의 천연 재료를 활용하면서 이산화탄소를 전혀 배출하지 않는 화장품 회사로 유명합니다. 직원은 250명에 불과하지만 세계 25개 대학과의 네트워크를 바탕으로 다양한 미용 제품을 개발합니다. 최근 2년 동안에 개발한 신제품의 매출이 3분의 2를 차지할 정도입니다. 나투라는 식물의 특징과 기능을 잘 알고 있는 시골의 채집자들을 원료 공급자로 활용하고, 개발한 제품은 1만 개 이상의 소규모 생산자가 참여해 제조합니다. 1974년부터 직접 판매와 병행해 네트워크 판매를 도입함으로써 2017년 기준 142만 명의 판매원이 활동하고 있습니다. 그 결과, 나투라는 2013년에 「포브스」가 뽑은 '가장 혁신적인 성장 기업 10위'에 선정되고 미국, 프랑스, 스페인, 네덜란드 등 전 세계 18개국에 진출한 중남미 최대의 화장품 회사로 성장합니다.

1906년 홍콩의 오퍼상으로 출발한 리앤펑은 의류와 완구 등을 OEM으로 납품하는 회사입니다. 자체 공장은 없지만 1만 5,000개의 협력 공장과 300개 이상의 고객이 참여하는 오케스트레이션

Orchestration이라는 IT 네트워크를 바탕으로 리바이스 등의 패션업체, 월마트 등의 유통업체, 디즈니 등의 완구업체에 납품합니다. 2015년 기준으로 50개 국가의 300개 지역에서 지역 사무소와 물류 거점을 운영하며, 수요자 및 공급자의 발굴과 관리를 비롯해 생산계획, 품질관리, 납기관리 등을 총괄하는 조정자 역할을 수행합니다. 각 공급업체 생산 능력의 최소 30퍼센트에서 최대 70퍼센트까지만 발주함으로써 협력과 자립의 균형을 유지합니다. 그 결과, 리앤펑은 2009년 「비즈니스 위크」가 뽑은 '세계에서 가장 영향력 있는 회사'의 하나로 선정되고, 2013년에는 207억 달러의 매출을 올리며 세계 최대의 의류 공급 회사로 성장합니다.

세 번째, 전술한 BPO 방식이나 SCM 방식이 모두 사전에 계약한 특정 업체나 개인과의 협력을 바탕으로 한다면, 위키wiki 방식은 불특정 다수가 자유롭게 참여하는 것입니다. 집단 지성 방식의 온라인 백과사전인 위키피디아를 생각하면 쉽게 이해가 될 것입니다. 소프트웨어 분야에서는 탑코더Topcoder가 위키 방식을 활용하는 대표적인 사례입니다.

2001년에 설립된 미국의 탑코더는 전 세계 프로그래머를 대상으로 탑코더 매치Topcoder Match라는 콘테스트를 개최합니다. '프로그래머 월드컵'이라고도 불리는 큰 이벤트입니다. 구글, MS, 인텔 등 유수의 기업이 회비와 사용료를 지불하고 의뢰한 프로그램을 모듈별로 분할한 콘테스트를 통해 싸고 빠르게 개발하는 것입니다. 이 콘테스트에 참가하기 위해 제출한 신상 정보를 통해 해당 분야의 실력자도 파악할 수 있습니다. 매주 개최되는 온라인 토너먼트에는 연습실, 대화방 및 성적표가 제공됩니다. 참가자와 구경꾼이 게임 경기를 보듯이 즐기면서 솜씨를 뽐내고 기량을 닦는 것입니다. 경기는 2시간의 알고리즘, 1~2주의 프로그램 등 다양한 형태로 진행됩니다. 2017년에 탑코더의 정식 직원은 120명에 불과하지만 100만 명 이상의 프로그래머가 등록되어 있습니다. 이러한 인기를 바탕으로 7,000개 이상의 콘테스트가 개최되고 8,000만 달러의 누적 상금이 지급되었습니다.

따로 또 같이하는 네트워크로 확대하라

"세계는 평평하다"라는 말이 있습니다. 21세기의 세계화 과정을 상징하는 표현으로, 토머스 프리드먼Thomas Friedman이 쓴 베스트셀러의 제목이기도 합니다. 긍정적인 측면과 부정적인 측면을 모두 가지고 있는 세계화와 병행해 글로벌 차원의 많은 업체나 개인이 조달 및 생산에 참여하는 네트워크 비즈니스모델도 확산되고 있습니다. 특정 소수, 특정 다수, 그리고 불특정 다수로 확장하면서 때때로 따로 때때로 같이하는 외부 협력 네트워크를 활용해보십시오. 비용을 절감하고, 품질을 제고하고, 물량을 확대하는 만능키를 구할 수 있을 것입니다.

08
PSS
비즈니스모델

파랑새를 붙인 기저귀를 본 적이 있습니까? 하기스^{Huggies}가 2013년에 개발한 트윗피^{TweetPee}가 바로 그것입니다. 기저귀에 부착한 파랑새 모양의 작은 센서가 수분을 감지하면 보호자에게 트위터로 연락합니다. 수분의 정도에 따라 '아직 괜찮다', '조금 축축하다', '기저귀

갈 시간' 등으로 구분해 기저귀 교체의 적정 시점을 알려줍니다. 앱으로는 아이의 용변 빈도, 기저귀의 교체 횟수 등에 대한 정보도 제공해 기저귀 구매 시점의 결정에도

하기스의 트윗피

비즈니스모델의 새로운 유형을 응용하라　　　　　　　　**135**

도움을 줍니다.

그런데 이것은 단지 고객의 편의를 제고하기 위한 것뿐만이 아니라 매출을 증대하는 효과도 있습니다. 하기스를 착용하는 아이에게 용변을 더 많이 보게 할 수는 없지만, 하기스를 구매하는 부모에게 기저귀를 더 자주 갈아주도록 하기 때문입니다. 이것은 또한 마케팅을 위한 고객 접점이자 제품 개발을 위한 빅데이터의 채널이 됩니다.

이와 같이 제품에 서비스를 결합하거나, 제품 판매를 서비스 제공으로 전환해 고객 생애 가치를 최대화하는 유형을 'PSS 비즈니스모델Product-Service System Business Model'이라고 합니다. '서비스화servitization' 또는 '프로비스provice'라는 표현을 쓰기도 합니다. 여기에서 고객 생애 가치customer lifetime value란 한 고객이 평생 동안 한 기업에 제공할 것으로 예상되는 이익의 합계를 의미하는 개념입니다. 단순히 제품을 판매하는 것에 그치지 않고 지속적인 서비스를 제공하면 이러한 고객 생애 가치를 제고할 수 있습니다. 그렇다면 PSS 비즈니스모델은 어떻게 실행할 수 있을까요?

우선, 제품을 판매해 소유권을 이전하는 것이 아니라 임대해 사용하는 서비스로 전환하는 것입니다. 고객이 가격에 부담을 느끼거나 효용에 확신이 부족한 경우 적합한 방법입니다. 우리나라에서는 학습지 고객 관리망을 기반으로 코디를 조직해 렌털 비즈니스를 개발한 웅진코웨이가 잘 알려져 있습니다. 그런데 사실 전자제품에서 임대 방식을 성공시킨 원조는 제록스라고 할 수 있습니다.

1906년에 설립된 미국의 제록스는 1959년 건식 복사기를 개발했습니다. 특수 용지를 사용하는 기존의 습식 복사기와 달리 값싼 보통 용지를 사용한다는 장점이 있었습니다. 하지만 본체 가격이 훨씬 비싼 것이 문제였습니다. 그래서 제록스는 복사기를 판매하는 것이 아니라 빌려주는 '종량제 과금 방식'을 도입했습니다. 월 95달러의 기본요금으로 2,000장까지 복사할 수 있고, 추가로 복사하는 경우에는 1장당 4센트를 받는 식이었습니다.

　　결과는 놀라웠습니다. 1970년에 제록스는 복사기 시장의 거의 100퍼센트를 점유하게 됩니다. "복사한다"라는 말 대신에 "제록스한다"라는 말이 통용될 정도로 브랜드 파워도 막강했습니다. 하지만 일본을 중심으로 소형, 저가격, 다기능의 복사기가 개발되자 제록스도 위기를 맞게 됩니다. 지금은 대기업을 대상으로 한 디지털 문서관리 서비스로 수익성을 제고하고 있습니다.

　　한편, 간헐적인 판매가 아니라 지속적인 구독으로 전환하는 것도 서비스화의 한 유형입니다. 신문 구독을 생각하면 쉽게 이해가 될 것입니다. 최근에는 다양한 생활용품이나 식료품 등으로 구독 서비스가 확산되면서 큐레이션을 통한 맞춤 서비스로 발전하고 있습니다. 그중에서도 재미있는 방식으로 구독 서비스를 제공하는 데아고스티니De Agostini와 달러셰이브클럽Dollar Shave Club이 많은 시사점을 줍니다.

　　1901년에 설립된 이탈리아의 데아고스티니는 1959년부터 백과사전을 주간지 형태로 발간하는 파트워크Partwork로 유명해진 출판사

데아고스티니의 밀레니엄 팔콘

입니다. 정기구독 방식으로 판매하는 이 파트워크를 교육도서뿐만이 아니라 수집품과 조립품 등으로 확대했습니다. 예를 들면 데아고스티니의 '밀레니엄 팔콘Millennium Falcon' 시리즈를 구독하면 〈스타워즈Star Wars〉에 나오는 우주선을 43분의 1로 축소한 모형을 조립할 수 있도록 안내서와 부품을 나누어 보내줍니다. 창간호부터 100호까지의 주간지를 모두 구독해야 전체를 완성할 수 있습니다. 전부 구독하려면 200만 원에 가까운 비용이 들지만, 언제든 그만둘 수 있기 때문에 초보자가 입문하기에는 오히려 부담이 적습니다. 이 외에도 55주 동안 3D 프린터를 학습하면서 조립하는 시리즈 등 다양한 품목을 개발하고 있습니다. 이를 통해 마케팅 비용을 절감하면서 고객을 안정적으로 유지하고 현금 흐름도 개선됩니다. 그 결과, 데아고스티니는 2015년 이 부문에

비즈니스모델 4.0

서만 6억 8,000만 유로의 매출을 올리며 세계 33개국에 진출한 글로벌 출판사로 성장합니다.

2011년에 설립된 미국의 달러세이브클럽은 남성용 면도날을 정기적으로 배송하는 구독 서비스입니다. 고객이 웹사이트에서 월 1달러, 6달러 또는 9달러의 회비를 내는 회원으로 가입하면 2겹, 4겹 또는 6겹 면도날을 매달 4~5개씩 보내줍니다. 면도날이 낡았을 때의 불편함과 면도날을 자주 구매해야 하는 번거로움을 해소한 것입니다. 그리 기발한 것 같지도 않은 이 방식의 결과는 어땠을까요? 달러세이브클럽은 질레트Gillette와 쉬크Schick가 지배하고 있던 면도기 시장에서 2016년에 320만 명의 회원을 확보하고 2억 4,000만 달러의 매출을 올리며 10퍼센트의 점유율을 달성합니다. 그 후 유니레버가 이 기업을 10억 달러에 인수합니다.

마지막으로, 제품을 단순히 공급해주는 것에 그치지 않고 전문적인 관리 서비스를 지속적으로 제공하는 것입니다. 기계나 장비에 센서를 부착하고 사물인터넷 기술을 활용해 유지 보수 서비스를 제공하는 것이 대표적입니다. 한 걸음 더 나아간 필립스를 한번 살펴보겠습니다.

1891년에 설립된 네덜란드의 필립스는 2015년 암스테르담의 스키폴공항 터미널에 LaaSLight-as-a-Service 방식으로 전구를 공급했습니다. 조명 시스템의 설계와 전구의 설치, 교체 및 회수에 이르는 일괄적인 관리 서비스를 제공하는 것입니다. 즉 시스템의 소유권은 필립스가 가지고 공항은 조명을 구매하는 방식입니다. 필립스는 에너지 효율이 높은 LED 전구를 사용하면서 부품을 부분적으로 교체할 수 있도록 설계했습니다. 계약이 종료된 조명 시스템은 다른 곳으로 쉽게 옮겨서 재사용할 수도 있습니다. 그 결과, 필립스는 기존의 조명 시스템에 비해 전력 소비를 50퍼센트로 줄이고, 전구는 75퍼센트 이상 오래 사용하며 획기적으로 비용을 절감하는 경쟁력을 확보합니다.

제품과 서비스를 하나로 결합하라

사물인터넷을 기반으로 한 초연결 사회가 진전될수록 제품의 서비스화라는 개념이 더욱 강조됩니다. 아예 "제품은 없다"고 말하기도 합니다. 한편, 서비스화는 침체 경제에서 초기 부담을 완화해 고객을 유인하고, 고객 관계를 강화해 수익을 확보하는 방안으로도 주목을 받고 있습니다. 판매에서 임대로 전환하고, 판매에서 구독으로 전환하고, 공급에서 관리로 전환해 제품과 서비스를 하나로 결합해보십시오. 고객 생애 가치를 극대화하는 기회를 찾을 수 있을 것입니다.

09
무료형
비즈니스모델

〈스타워즈〉라는 영화를 한두 편 보셨습니까? 조지 루카스^{George} Lucas가 감독 또는 각본으로 제작한 SF 영화입니다. 1977년에 첫 에피소드가 만들어진 후 지금까지 7편이 개봉되었고, 앞으로 2편이 더 개봉될 예정일 정도로 흥행에 성공한 시리즈입니다. 그런데 신인 감독이던 루카스는 투자와 배급을 담당한 20세기폭스에 모든 흥행 수익을 양도하고, 캐릭터 등의 부수적 권리만 취득하는 방식으로 첫 6부작의 제작을 계약했습니다. 흥행의 귀재가 흥행 수익을 포기한 결과는 어떠했을까요? 흥행 수익도 45억 달러라는 기록적인 수준이었지만, 캐릭터를 기반으로 한 상품이나 로열티 수익은 흥행 수익의 세 배나 되는 150억 달러에 달했습니다.

이와 같이 어떤 고객에게 제품 또는 서비스를 무상이나 염가로 제공하고 다른 고객이나 제품 또는 서비스에서 수익을 확보하는 유형

게임으로 만들어진 <스타워즈>

을 '무료형 비즈니스모델Free Business Model'이라고 합니다. 여기에서 무료라는 것은 꼭 공짜가 아니더라도 원가 수준 또는 그 이하로 판매하는 것을 포함합니다. 그렇다면 무료형 비즈니스모델은 어떻게 적용할 수 있을까요?

첫째, 이용자의 관심과 정보를 활용해 제3의 고객으로부터 수익을 창출하는 것입니다. 검색 서비스를 무료로 제공하고 온라인 광고나 빅데이터에서 수익을 얻는 구글이 대표적인 사례입니다. 제이시데코 JCDecaux는 오프라인 광고에 이 방식을 멋지게 적용했습니다.

1964년에 설립된 프랑스의 제이시데코는 광고주로부터 돈을 받고 옥외광고물을 설치하기도 하지만, 지자체의 가로시설물을 무상으로 설치해주는 대신 광고 공간을 판매해 수익을 확보하는 것으로 유명합니다. 대형 광고판이나 교통수단에 붙인 광고 패널이 대부분이던 옥외광고 시장에 공공서비스와 광고를 결합한 스트리트 퍼니처street furniture

의 개념을 도입한 것입니다. 정류소, 쓰레기통, 벤치, 가로등 등 노출 효과가 큰 공공시설물이 주요 대상입니다. 일례로 서울시의 중앙 버스 차로 승차대를 대부분 이런 방식으로 설치하고 관리하면서 광고 사업권을 획득했습니다. 그 결과, 제이시데코는 2016년에 75개국 4,435개 도시에서 110만 개가 넘는 광고 패널로 34억 유로의 매출을 올리는 글로벌 1위의 옥외광고 회사로 성장합니다. 그중에서도 스트리트 퍼니처는 총매출의 43퍼센트를 차지하고 영업이익률이 40퍼센트에 달하는 알짜 사업입니다.

둘째, 후속 또는 반복 판매를 위한 기반을 구축하는 것도 무료형 비즈니스모델의 하나입니다. 면도기는 저가, 면도날은 고가로 판매하는 질레트가 대표적인 사례입니다. 워드프레스WordPress는 한 걸음 더 나아가 비즈니스의 생태계를 구축했습니다.

2003년에 공개된 워드프레스는 CMScontents management system, 즉

워드프레스 테마를 판매하는 블로그

인터넷용 템플릿과 플러그인을 모듈화해 콘텐츠만 있으면 쉽게 웹페이지를 만들 수 있는 툴입니다. CMS 자체는 비영리재단을 통해 오픈소스로 제공합니다. 그래서 많은 사람들이 다양한 템플릿과 플러그인을 제작해 공유하거나 판매하고 있습니다. 그렇다면 수익은 어떻게 창출하는 것일까요?

2005년에 설립한 오토매틱Automattic이라는 별도의 회사가 그 비결입니다. 오토매틱은 워드프레스를 기반으로 한 개인용 블로그와 기업용 홈페이지를 위한 호스팅 서비스를 제공합니다. 그리고 e커머스, 플러그인 등의 전문적 지원을 제공하면서 유료 회비와 온라인 광고로 수익을 창출합니다. 또한, 누구나 워드프레스마켓에서 템플릿과 플러그인을 판매할 수 있게 하고 수수료를 받습니다. 2016년을 기준으로 뉴스, 블로그, 쇼핑몰 등 전 세계 웹사이트의 26.6퍼센트가 워드프레스로 제작되었고, CMS의 시장점유율은 59.5퍼센트에 달합니다. 매출은 공개되지 않지만 기업 가치는 16억 달러로 평가되기도 했습니다.

셋째, 기본적인 것은 무상 또는 추가, 고급은 유상으로 제공하는 것도 무료형 비즈니스모델의 하나입니다. 무료라는 의미의 'free'와 고급이라는 의미의 'premium'을 결합해 '프리미엄freemium' 방식이라고 부릅니다. 음악 스트리밍 회사인 스포티파이가 광고를 듣는 무료 서비스와 광고가 없는 유료 서비스를 제공한 것이 좋은 사례입니다. 미국의 나인인치네일즈Nine Inch Nails는 CD 판매에도 이 방식을 적용했습니다.

솔로 록밴드인 나인인치네일즈는 2008년에 〈고스츠Ghosts〉라는 신곡을 발표하면서 자기의 웹사이트에서 무료 버전 외에도 음질과 구성에 따라 각기 다른 가격을 책정한 4가지 패키지를 판매했습니다. 5달러의 디지털 앨범, 10달러의 CD 2개, 75달러의 디럭스 버전, 그리고 한정판인 300달러의 울트라 디럭스가 그것입니다. 결과는 어땠을까요? 첫 주의 판매액은 160만 달러에 달하고, 아마존에서 베스트셀러에 오르는 등 총 235만 달러의 수입을 올립니다. 더 나아가 빌보드^{Billboard} 일렉트로닉 앨범 차트에서 1위를 차지하며, 그해 가장 많이 들은 앨범 4위에 오르는 빅히트를 기록합니다.

작은 이익을 버리고 큰 이익을 얻어라

"되로 주고 말로 받는다"는 속담이 있습니다. '남을 조금 건드렸다가 큰 되갚음을 당한다'는 나쁜 의미로도 쓰이지만, '조금 주고 그 대가로 많이 받는다'는 좋은 의미로도 쓰입니다. 어떤 고객에게 어떤 상품을 무상으로 주면서 더 큰 수익을 창출하는 무료형은 후자의 개념을 비즈니스모델로 구현한 것입니다. 이용자의 관심과 정보를 활용하거나, 다른 품목의 판매를 위한 기반을 구축하거나, 추가적인 고급 서비스에서 수익을 창출해보십시오. 눈앞의 작은 이익을 버리더라도 장래 큰 이익을 얻을 수 있을 것입니다.

10
TBL
비즈니스모델

　세계에서 가장 큰 식품 회사는 어디일까요? 연간 100조 원 이상의 매출을 올리는 스위스의 네슬레^{Nestle}입니다. 네스카페라는 인스턴트커피와 네스프레소라는 캡슐커피 브랜드를 보유한 네슬레는 특히 커피 산업의 세계적인 강자입니다. 그런데 네슬레는 사업을 확장하는 과정에서 환경오염과 노동 착취로 인해 국제적 비난을 받은 적이 있습니다. 그러자 네슬레는 2000년대 초부터 CSV^{creating shared value} 프로그램을 도입해 이 문제를 극복하고, 2013년에는 「포천」이 뽑은 '존경받는 세계 50대 기업'에서 식품 분야 1위에 선정되기도 했습니다. 그중에서 가장 대표적인 것이 네스프레소 에콜라보레이션^{Nespresso Ecolaboration}입니다. 커피를 재배하는 농가에 자금과 기술을 지원해 농가 소득을 향상시키고 열대우림을 보호하면서 최상급의 원두를 확보하는 프로그램입니다.

이와 같이 경제적 수지와 함께 사회적·환경적 비용과 편익을 중시하여 공동체와 사업의 지속 가능성을 조화시키는 유형을 'TBL 비즈니스모델Triple Bottom Line Business Model'이라고 합니다. 경영에서 '바텀 라인bottom line'은 통상 수익에서 비용을 차감한 이익을 의미합니다. 그런데 바텀 라인이 3개라는 것은 단순히 경제적 측면profit뿐만 아니라 사회적 측면people 및 환경적 측면planet까지 포괄한다는 뜻입니다. 즉 세계환경개발위원회가 '미래 세대의 욕구를 저해하지 않으면서 현 세대의 욕구를 충족시키는 발전'이라고 정의한 지속 가능 발전sustainable development의 개념을 기업 경영에 실천하려는 것입니다. 할 수만 있다면 가장 바람직한 비즈니스모델의 하나입니다. 그렇다면 TBL 비즈니스모델은 어떻게 구현할 수 있을까요?

첫째, 사회공동체의 소득을 창출하며 수익도 올리는 경제 중심형 TBL 모델이 있습니다. 디아지오Diageo가 이런 방식으로 케냐의 주류 시장을 지배하고 있습니다.

조니워커, 기네스 등의 브랜드를 보유하고 있는 영국의 디아지오는 1997년에 그랜드메트로폴리탄Grand Metropolitan과 합병한 글로벌 주류 회사입니다. 디아지오는 2005년 케냐에 진출하면서 지역 상황에 맞춰 독특한 접근을 시도합니다. 현지에서 생산되는 카사바를 원료로 시네이터 케그Senator Keg라는 맥주를 개발해 현지에서 생산한 것입니다. 여기에서 그치지 않고, 밀주를 제조해 판매하던 무허가 선술집이나 영세 소매상을 양성화해 프랜차이즈 판매망으로 활용합니다. 이를 통해 농민, 정부, 국민 모두에게 이익이 되는 일자리, 식품 안전, 농가 수입, 세금 수입 등 여러 가지 효과를 창출하며 케냐 정부로부터 행정 지원과 세제 혜택까지 받고 있습니다. 그 결과, 디아지오는 출시하던 해에 케냐 맥주 시장의 40퍼센트를 점유하게 됩니다. 다른 주류 제품의 매출 증대로도 이어지면서 2012년 이후에는 케냐 주류 시장의 90퍼센트를 차지하고, 아프리카의 다른 지역으로 사업을 확장하고 있습니다.

둘째, 사회공동체의 복지를 증진하며 수익도 창출하는 사회 중심형 TBL 모델이 있습니다. 세계 인구의 3분의 1 이상이 편하게 사용할 수 있는 화장실이 없습니다. 이 문제를 해결하려는 사회적 기업이 피푸플Peepoople입니다.

2006년에 설립된 스웨덴의 피푸플은 길쭉한 봉지 안에 넓적한 봉지 하나를 더 넣은 피푸Peepoo를 공급합니다. 쉽게 말하면 일회용 용변 봉투입니다. 피푸는 소상공인을 통해 3센트에 판매도 하지만, 학교나 빈민촌에는 무상으로 배포합니다.

그렇다면 부족한 자금은 어떻게 조달할까요? 바이오 플라스틱으

피푸를 사용하는 모습

로 만든 피푸는 봉지 속에 든 요소 분말과 함께 생분해되면서 대변을 유기물 비료로 만듭니다. 용변이 든 봉투를 가져오면 보증금 1센트를 환불하는 방식으로 수집한 후에 인근 농장에 비료로 판매하는 것입니다. 이를 토대로 피푸플은 2014년을 기준으로 매일 50만 장의 피푸를 케냐, 콩고, 파키스탄, 방글라데시, 아이티 등 저개발 국가에 공급합니다. 2016년에는 국제원조기구인 IAS^{International Aid Services}에 브랜드를 이관해 매일 1억 5,000만 장을 공급한다는 목표를 가지고 사업을 재편하고 있습니다.

마지막으로, 사회공동체의 환경을 보전하며 수익도 창출하는 환경 중심형 TBL 모델이 있습니다. 이것을 멋지게 실천하는 제지 회사가 더블에이^{Double A}입니다.

우리나라 복사 용지 시장에서 가장 인지도가 높은 더블에이는 사실 1991년에 설립된 태국 회사입니다. 펄프를 구매하거나 조림지를 조성하는 다른 제지 회사와는 달리 더블에이는 동남아 농부들에게 매년 1억 그루의 제지용 묘목을 무상으로 공급합니다. 농부들은 자투리땅에서 4년 정도 키운 종이나무^{paper tree}를 원하는 때에 아무 회사에나 시장가격으로 팔 수 있습니다. 물론 종이나무의 성장과 수급에 대한 정보를 가지고 있는 더블에이가 다른 회사보다 구매에서도 경쟁력을 가집니다.

근래에는 복사지 구매자의 명의로 나무 한 그루를 심어주고 식목 인증서와 GPS 좌표를 보내주는 '원드림 원트리^{1 Dream 1 Tree}' 캠페인을 전개하기도 했습니다. 이를 토대로 세계적 산림 인증 단체 PEFC로부터 '글로벌 지속 가능 산림경영 인증'도 받았습니다. 그 결과, 더블에이는 환경보호, 농가 수익, 원료 확보라는 세 마리 토끼를 잡으면서 2015년에는 130개 국가에서 7억 달러의 매출을 올리는 세계 12위의 복사 용지 회사로 성장합니다.

사회공동체와 더불어 지속 가능하라

마이클 포터 교수는 사회적 가치나 환경적 가치를 창출하기 위해 경제적 가치의 일부를 희생하는 CSR corporate social responsibility는 이제 사회적 가치와 환경적 가치의 창출이 경제적 가치를 견인하는 CSV creating shared value로 진전되어야 한다고 주장합니다. 바로 이것을 구현하려는 것이 TBL 비즈니스모델입니다. 성장과 복지의 문제를 시장 메커니즘 안에서 해결하는 방안의 하나로도 부각되고 있습니다. 사회공동체와 더불어 지속 가능할 수 있는 TBL 비즈니스모델이 많아진다면 세상은 좀 더 살 만한 곳이 되지 않을까요?

11
비즈니스모델의
복합과 빅뱅

비즈니스모델의 3차 빅뱅을 통해 등장한 새로운 비즈니스모델의 대표적인 유형은 플랫폼, 공유경제, 롱테일, 융합형, 개방형, 네트워크, PSS, 무료형, TBL 비즈니스모델 등입니다. 이러한 비즈니스모델은 다양한 변형과 조합을 통해 그 영역을 확대, 심화하고 있습니다. 물론 또 다른 유형의 비즈니스모델이 계속 등장할 것이고, 그중에서 어떤 것은 지배적인 비즈니스모델의 하나로 자리 잡을 것입니다. 새로운 비즈니스모델의 유형에 대한 분류는 이러한 변화를 반영해 지속적으로 보완해야 할 것입니다.

비즈니스모델의 복합성이 빚어낸 애플의 경쟁력

글로벌 컨설팅 회사인 딜로이트는 2013년에 출간한 『비즈니스모델의 혁신Ten Types of Innovation』에서 하나의 비즈니스에 여러 유형의 혁신이 복합되어 있을수록 경영 성과가 좋다는 연구 결과를 발표했습니다. 여러 유형이 어색한 물리적 결합이 아니라 시너지 효과를 가져오는 화학적 결합이 될수록 그 비즈니스모델은 강력해진다는 것입니다. 예를 들면 네트워크를 통해 제품을 공급하면서 무료형 플랫폼을 구축해 서비스를 제공하는 것처럼 말입니다.

애플의 아이폰 - 앱스토어 - 아이클라우드 비즈니스모델은 앱스토어가 판매자와 구매자를 연결하고, 수많은 소액 고객에게 수백만 개의 앱을 판매하고, 제품에 다양한 서비스를 융합하고, 소스 코드를 공개해 많은 외부 개발자가 참여하고, 글로벌 네트워크를 통해 생산해 공급하고, 회원제를 통해 지속적인 서비스를 제공하며, 기본 용량을 초과하는 저장 공간을 유료로 제공합니다. 이것을 비즈니스모델의 유형이라는 관점에서 살펴보면, 공유경제나 TBL 모델을 제외한 7가지의 새로운 유형을 하나의 비즈니스모델에 담고 있습니다. 이러한 비즈니스모델의 복합성은 애플이 오랫동안 강력한 경쟁력을 유지하고 있는 비결의 하나이고, 비즈니스모델의 3차 빅뱅을 유발한 것입니다.

비즈니스모델의 빅뱅이 경계를 허물다

이제 비즈니스모델의 4차 빅뱅이 시작되었습니다. 제4차 산업혁명이 비즈니스에 엄청난 영향을 미치기 때문입니다. 인간과 기계의 경계, 실제와 가상의 경계, 제품과 서비스의 경계, 생산자와 소비자의 경계, 제품·사업·산업의 경계가 허물어지는 대변혁이 예상됩니다. 그런데 이전의 산업혁명과는 달리 글로벌 차원의 저성장 기조하에서 비즈니스가 대변혁을 맞이하고 있습니다. 이것이 필자가 '비즈니스모델 4.0'이라고 부르는 이유입니다.

'비즈니스모델 4.0'의 미래 모습을 지금 시점에서 정확히 예측하는 것은 불가능한 일입니다. 그렇지만 비즈니스모델을 구성 요소별로 살펴볼 때 다음과 같은 전망은 충분히 일리가 있다고 생각합니다.

- 고객 세그먼트에서는 빅데이터를 기반으로 한 분석이 확산되면서 고객의 세분화細分化를 넘어 미분화微分化가 진전될 것이다.
- 가치 제안에서는 제품 중심의 대량 소비 시장이 쇠퇴하고 서비스 중심의 개인 맞춤형 가치가 강조될 것이다.
- 마케팅 채널에서는 오프라인과 웹·앱이 통합된 옴니채널이 일반화되고 다양한 무인점포와 가상 매장이 등장할 것이다.
- 고객 관계에서는 구독 방식과 사물인터넷을 기반으로 일회성이고 일방적 관계가 아닌 지속적이고 쌍방향 관계로 전환할 것이다.

- 핵심 자원에서는 플랫폼과 공유경제의 영향으로 자산의 소유보다 빅데이터의 확보와 네트워크의 구축이 더욱 중요해질 것이다.
- 핵심 활동에서는 가상현실과 3D프린터 기반의 개발 및 로봇과 스마트 공장의 확산으로 인해 판매 이전의 가치사슬은 압축되고 판매 이후의 가치사슬이 연장될 것이다.
- 핵심 파트너에서는 다차원적인 융복합과 초연결로 인해 이종 기업은 물론 긱이코노미Gig Economy를 이용한 협업과 생태계 구축이 강조될 것이다.
- 비용 구조에서는 인건비 비중과 단위 생산비는 감소하지만 신기술을 접목하기 위한 시스템 투자비가 증가할 것이다.
- 수익 흐름에서는 일회성 제품 판매보다는 지속적 서비스 제공을 통한 수익 창출이 일반화되고 고객의 성과나 편익을 기준으로 한 가격 책정도 확대될 것이다.

이러한 관점에서 볼 때, 지금까지 살펴본 플랫폼, 공유경제, 롱테일, 융합형, 개방형, 네트워크, PSS, 무료형, TBL 비즈니스모델은 제4차 산업혁명을 통해 세분화되고 융복합되면서 더욱 빠르게 확산될 것이라는 점도 예상할 수 있습니다. 세계경제포럼에 의하면, 제3차 산업혁명에서 지식 정보화가 영향을 미쳤던 것에 비해 제4차 산업혁명에서 초연결과 초지능이 미칠 영향은 그 속도, 범위 및 정도에서 차원이 다르다고 합니다. 0.01퍼센트에서 1퍼센트에 도달하는 시간과 1퍼센트에서 100퍼센트에 도달하는 시간이 동일할 정도로 기하급수적 변화를 일으키는 '수확 가속의 법칙'이 적용된다는 것입니다.

시스코의 CEO인 존 챔버스John Chambers는 "제4차 산업혁명으로 10년 내에 포천 500대 기업의 40퍼센트가 사라질 것이다"라고 했습니다. 카네기 멜론대 석좌교수이자 『선택 가능한 미래The Driver in the Driverless Car』의 저자인 비벡 와드와Vivek Wadhwa는 한 걸음 더 나아가 70퍼센트가 사라질 것이라고 했습니다.

1988년 9월, 일본은 NTT를 비롯한 9개 기업이 글로벌 시가총액 10위에 랭크되고, 53개 기업이 100대 기업에 포함되어 있었으나 몇 년 만에 대부분 탈락한 적이 있습니다. 그리고 2017년 이후에는 헬스케어, 사물인터넷, 인공지능, 핀테크, 사이버보안, 우주로켓 등 제4차 산업혁명과 밀접한 분야에서 많은 유니콘이 탄생되고 있습니다. 이와 같이 과거의 경험이나 현재의 추이를 살펴보면 그 가능성을 무시할 수만은 없는 듯합니다. 새로운 비즈니스모델을 개발하는 것이 그만큼 중요하다는 뜻입니다.

2000년대를 대표하는
비즈니스모델
:골프존

2000년에 설립된 골프존은 2년의 개발 기간을 거쳐 2002년에 골프 시뮬레이터를 출시했습니다. 처음에는 전시회나 영업사원을 주요 채널로 활용하면서 골프 연습장에 제품을 판매하는 방식이었습니다.

골프 시뮬레이터는 센서, 영상, 음향, 게임, 시스템, 네트워크 등의 하드웨어와 소프트웨어 기술이 집약된 제품입니다. 골프 연습장에서는 보조 도구에 불과하던 시뮬레이터가 '운동＋놀이＋모임'을 융합한 스크린 골프장에서 주역으로 재탄생합니다. 스크린 골프장을 개설하는 창업주에게 하드웨어와 함께 소프트웨어와 서비스를 제공했습니다. 골프 연습장과는 일회성 판매였지만 스크린 골프장과는 지속적 거래로 비즈니스모델이 전환된 것입니다.

특히 2006년에 특허를 받은 '네트워크에 의해 제어되는 골프 시뮬레이터 장치'가 발전의 원동력이 되었습니다. 회원을 위한 이력 관리와 랭킹 체계를 구축하고, 다른 곳의 사람과도 원격으로 라운딩을 할 수 있는 시스템을 개발해 '골프존 라이브 토너먼트'라는 온라인 골프 대회도 개최했습니다. 골프 코스에 특정 기업의 광고를 노출하거나, 광고주 전용 코스를 개발하는 등 수익원도 다각화하면서 2013년에는 3,651억 원의 매출을 올립니다. 그러나 2014년에 불공정거래의 논란에 휩싸이면서 1년 이상 판매를 중단하자, 신규 업체가 무더기로 진입하며 골프존의 성장도 한풀 꺾입니다. 2015년에 (주)골프존뉴딘홀딩스와 (주)골프존유통이 분할되기는 했지만, 주력 사업인 (주)골프존의 매출은 2018년에 1,987억 원으로 감소했습니다. 골프존은 이제 축적된 고객 데이터, 네트워크 및 기술력을 활용해 스크린 골프를 뛰어넘는 새로운 아이템과 비즈니스모델을 발굴해야 할 과제를 안고 있습니다.

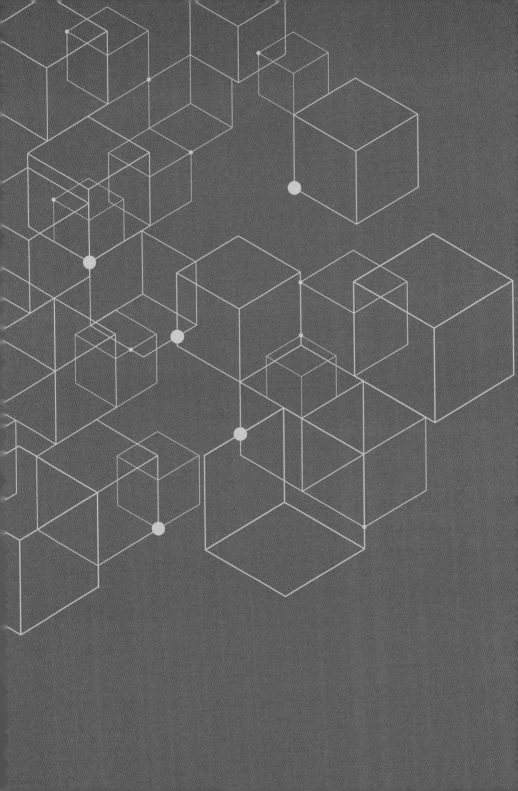

4장

비즈니스모델의
디자인 기법을
활용하라

비즈니스모델이 잘못되면
성공의 기회는 거의 없을 것이다.

– 데이비드 티스David Teece, UC버클리 교수

01
신사업의
6단계 프로세스

비즈니스모델의 혁신은 더 많은 고객에게 더 큰 가치를 제공하면서 더 큰 수익을 획득하기 위한 접근 방법입니다. 기존 사업의 재편은 물론 신규 사업의 개발에도 많은 인사이트를 줍니다. 특히 신사업을 찾아가는 과정에서 사업 아이디어, 즉 '무엇what'에 그치지 않고 비즈니스모델, 즉 '어떻게how'까지 명확히 하는 것입니다. 그럼 비즈니스모델의 설계를 포함해 신사업을 찾아가는 전체적인 여정을 6단계의 프로세스로 살펴보겠습니다.

첫 번째 단계는 '신사업 가이드라인의 설정'입니다. 즉 우리 회사에서 생각하는 신사업에 대한 전략적 기본 방침을 정하는 과정입니다. 가장 중요한 것은 신사업에 대한 범위입니다. 일반적으로 협의의 신사업은 사업의 다각화를 의미하는 수준의 새로운 사업만을 지칭하지만, 광의의 신사업은 신제품, 신시장은 물론 기존 사업의 새로운 비즈니스

신사업 가이드라인
↓
사업 아이디어 개발
↓
후보 사업 예비평가
↓
비즈니스모델 설계
↓
사업 타당성 분석
↓
마스터플랜 수립

▎[그림 4-1] 신사업의 프로세스 ▎

모델을 포괄하는 개념입니다.

신사업에 대한 계획을 최종 보고하는 자리에서 "그게 우리 회사에 적합한 업종인가" 또는 "왜 맨날 우리 업종에서만 찾는가"라는 지적을 받기도 합니다. 이것은 우리 회사에서 추구하는 신사업이 어떤 범위에 있는 것인지를 명확히 하지 않았기 때문입니다.

또한 기대 매출이나 투자 규모에 대한 가이드라인을 설정하지 않으면 "그 정도 매출로 신사업으로서의 의미가 있나" 또는 "그게 우리 회사가 감당할 수 있는 투자인가"와 같은 지적을 받기도 합니다. 이러한 지적은 모두 가이드라인을 설정함으로써 최종 보고가 아닌 최초 보고에서 걸러져야 할 내용입니다. 실무적으로는 주무부서에서 가이드라인의 초안을 설정한 후, 의사결정자의 의사를 반영해 확정하는 것이 바람직합니다.

두 번째 단계는 '사업 아이디어의 개발'입니다. 즉 신사업에 대한 다양한 아이디어를 탐색해 도출하는 과정입니다. 당연히 앞에서 설정한 가이드라인에 적합한 아이디어로 제한합니다. 아무리 멋진 아이디어라 해도 우리 회사의 비전, 전략이나 역량에 부합하지 않는 것은 제외합니다. 이 단계에서는 좋은 아이디어보다 많은 아이디어를 얻는 것

비즈니스모델 4.0

이 중요합니다. SWOT 분석의 관점과 유사하게 외부의 기회를 발굴하고 내부의 역량을 활용하는 것이 가장 기본적인 방법입니다. 이 외에도 조직 구성원의 창의적 토의를 이용하는 브레인스토밍이나 동업종 및 이업종에서 인사이트를 얻는 벤치마킹 등 다양한 기법을 활용할 수 있습니다.

세 번째 단계는 '후보 사업의 예비평가'입니다. 즉 개발된 사업 아이디어를 개괄적으로 평가해 후보 사업을 선정하는 과정입니다. 후보 사업을 예비평가하는 기법에도 여러 가지가 있지만, 가장 대표적인 것은 사업의 매력도와 자사의 적합도를 평가하는 일입니다. 사업 아이디어를 개발하는 단계에서 외부의 기회와 내부의 역량을 기본으로 한 것과 마찬가지로 예비평가 단계에서도 이런 관점을 적용한 것입니다. 후보 사업의 숫자가 많은 경우에는 5점 척도와 같은 간단한 기준으로 한번 거른 다음에 좀 더 정교한 기준으로 최종 후보를 선정하는 것이 바람직합니다.

네 번째 단계는 '비즈니스모델의 설계'입니다. 즉 신사업의 최종 후보에 대해 고객에게 가치를 창출하고 전달하고 획득하는 메커니즘을 구체화하는 과정입니다. 같은 사업 주제도 다양한 방식으로 전개할 수 있습니다. 예를 들어 완구라고 하면 만들어 팔 수도, 사다 팔 수도, 만들어 빌려줄 수도, 사다 빌려줄 수도 있습니다. 또한 빌려서 빌려줄 수도 있으므로 어떤 방식으로 할지를 명확히 해야 합니다. 이 단계에서 가장 널리 사용되는 기법이 비즈니스모델 캔버스입니다.

다섯 번째 단계는 '사업 타당성의 분석'입니다. 즉 설계한 비즈니스모델의 타당성을 재무적으로 검증하는 과정입니다. 통상 소요되는 투자비와 운영비, 기대되는 매출 등을 고려해 이익이 언제, 얼마나 발생하는지를 분석하는 것입니다. 커피숍의 개점과 같이 비교적 간단한 경우에는 주로 손익분기점 분석을 활용하지만, 공장의 건립과 같이 복잡한 경우에는 순현재가치법 등을 활용합니다. 재무적 평가도 일정한 한계를 가지고 있기 때문에 비즈니스모델의 성공 요소를 전략적으로 평가해 보완하기도 합니다. 후보 사업의 재무적 타당성이 확보되지 못하면 비즈니스모델의 설계를 다시 하거나, 사업 아이디어를 다시 개발하거나, 가이드라인을 다시 설정하는 것으로 피드백해야 합니다.

여섯 번째 단계는 '마스터플랜의 수립'입니다. 즉 사업 타당성이 검증된 신사업의 비즈니스모델에 대해 단계적이고 구체적인 사업계획을 수립하는 과정입니다. 여기에서는 사업에 착수하는 전략과 운영하는 계획을 명확히 하는 것이 가장 중요합니다. 추진할 신사업과 관련해 조사, 분석 및 설계한 주요 사항은 사업계획서로 종합합니다. 사업계획서도 다양한 방식이 있지만 사업과 제품의 내용, 비즈니스모델, 시장분석과 매출 전망, 연구개발·생산·마케팅 계획, 조직·인력 계획, 투자·재무 계획, 추진 일정 계획의 흐름으로 작성하는 것이 일반적입니다. 필요에 따라서 위험관리 방침이나 지원 요청 사항 등을 추가하기도 합니다.

사업 아이디어를 개발하고 비즈니스모델을 설계하라

기업이 지속적으로 생존하고 성장하기 위해서는 장기적이건 단기적이건 새로운 사업의 추진은 필수적인 과제입니다. 하지만 신사업을 추진할 때 사업 아이디어와 더불어 비즈니스모델도 중요합니다. 「이코노미스트The Economist」는 2005년 백서에서 "어떻게 사업을 하느냐가 무슨 사업을 하느냐만큼 또는 더욱 중요해질 것이다"라고 했습니다. 가이드라인을 설정해 아이디어를 개발하고, 예비평가를 거쳐 비즈니스모델을 설계하며, 사업 타당성을 검증해 마스터플랜을 수립하는 6단계의 프로세스를 통해 성공 가능성이 높은 신사업을 찾아가기 바랍니다.

02
아이디어 개발과
후보 사업 평가

　　신사업에 대한 가이드라인이 설정되었다면 이제 본격적으로 신사업을 찾아가는 여정이 시작됩니다. 그것이 아이디어의 개발과 후보 사업의 평가입니다. 일반적으로 아이디어를 개발하는 단계에서는 니즈-시즈 매트릭스Needs-Seeds Matrix, 예비평가를 거쳐 후보 사업을 선정하는 단계에서는 BMO 매트릭스를 많이 사용합니다. 이 두 가지 매트릭스는 무엇이고, 또 어떻게 연결되어 있는지 살펴보겠습니다.

니즈-시즈 매트릭스

　　먼저, 니즈 기반의 접근needs-based approach을 통해 비즈니스 아이디어를 개발하는 것을 살펴볼까요? 이는 기업 외부의 기회와 동향을 활용해 사업을 개발하는 것입니다. 특히 비즈니스의 범위가 넓고 제약이 적은 대기업에 유용합니다. 고객 지향적이거나, 제품 수명 주기가 짧거나, B2C 산업에서 상대적으로 더 중요한 접근입니다.

니즈는 세상의 큰 흐름을 의미하는 메가트렌드, 다양한 변화와 유행을 의미하는 마이크로트렌드, 정치·경제·사회·기술·자연·법규의 동향을 의미하는 PESTEL 분석으로 구분할 수 있습니다. 샤오미의 CEO인 레이쥔雷軍은 "태풍의 길목에 서면 돼지도 날 수 있다"라고 했습니다. 피터 드러커는 "트렌드를 읽는다고 100퍼센트 성공할 수 없지만 트렌드를 모르면 100퍼센트 실패한다"라고 했습니다. 모두 외부 환경의 흐름을 잘 활용하는 것이 중요하다는 사실을 의미한 말입니다.

다음으로 시즈 기반의 접근seeds-based approach을 통해 비즈니스 아이디어를 개발하는 것을 살펴볼까요? 이는 기업 내부의 자원과 역량을 활용해 사업을 개발하는 것입니다. 특히 비즈니스의 범위가 좁고 제약이 많은 중소기업에 유용합니다. 기술 지향적이거나, 제품 수명 주기가 길거나, B2B 산업에서 상대적으로 더 중요한 접근입니다.

어떤 자원이나 역량이 고객과 기업에 가치를 제공하고, 희소하면서도 모방하기 어려우며, 다른 사업으로 확장 가능하다면 시즈가 될 수 있습니다. 캐릭터와 스토리를 이용해 만화, 영화, 공연, 게임, 상품, 테마파크, 호텔, 리조트 등의 사업을 전개한 디즈니의 OSMUone source, multi use 전략이 시즈를 잘 활용한 대표적인 사례의 하나입니다.

		니즈			시즈 시사점
		N1	N2	N3	
시즈	S1				
	S2				
	S3				
니즈 시사점					

‖ [그림 4-2] 니즈-시즈 매트릭스 ‖

핵심적인 니즈와 시즈를 파악했다면 SWOT 분석처럼 통합적으로
살펴보아야 합니다. 위기와 약점보다는 기회와 강점을 중심으로 하기
때문에 니즈-시즈 매트릭스라고 합니다. GE의 사례를 통해 한번 살펴
볼까요?

GE는 2000년대에 다양한 신사업을 환경Ecomagination과 헬스케어
Healthymagination의 두 방향으로 정비하고 개도국에의 진출을 가속화했
습니다. 이러한 방향을 설정한 논리가 고령화, 자원 보전 등의 니즈와
연구개발, 네트워크 등의 시즈를 결합한 것입니다. 특히 GE는 전자와
IT 역량의 보완이 향후 비즈니스 전개에 중요하다고 판단했습니다. GE
헬스케어가 인도 시장을 목표로 2002년에 휴대용 심전도계 Mac400,
2010년에 휴대폰 크기의 초음파진단기 Vscan을 출시한 것이 바로 이
런 전략의 일환이었습니다.

비즈니스모델 4.0

		니즈			시즈 시사점
		웰빙·고령화	개도국 부상	환경·자원 보전	
시즈	연구개발 역량	의료 장비 사업 고령 친화 사업	저비용 혁신에 의한 제품 개발	신재생 에너지 및 수처리 사업	전자·IT 역량의 보완
	기계 제조 기술				
	글로벌 네트워크				
니즈 시사점		헬시매지네이션	BOP 시장	에코매지네이션	

[그림 4-3] GE의 니즈-시즈 매트릭스

BMO 매트릭스

니즈-시즈 매트릭스를 통해 다양한 아이디어를 개발한 후에는 후보 사업을 선정해야 합니다. 모든 아이디어를 구체적으로 조사해 분석하고 설계할 수는 없기 때문에 예비평가를 거치는 것입니다. 예비평가는 개괄적으로 평가한다는 것과 비즈니스모델을 설계한 후에 다시 평가할 것이라는 점을 시사하고 있습니다. 예비평가를 위해 사용하는 가장 대표적인 모델은 BMO 매트릭스입니다. 이것을 개발한 미국의 브루스 메리필드Bruce Merrifield 교수와 이것을 발전시킨 일본의 오에 타케루大江建 교수의 이름에서 따온 것입니다. BMO 매트릭스의 종축은 니즈 관점의 사업 매력도를, 횡축은 시즈 관점의 자사 적합도를 평가합니다. 〈표 4-1〉과 같이 사업 매력도는 시장 규모 등 6개 요소로 60점,

구분		배점	평가 요소 예시	구분		배점	평가 요소 예시
사업 매력도	시장 규모	10	• 5년 후 매출이 기존의 3배 • 5년 후 영업이익률이 20%	자사 적합도	자금력	10	• 투자 및 운영 자금의 조달 능력 • 신사업 실패의 영향 정도
	시장 성장	10	• 5년간 시장성장률이 20% • 5년 후 시장점유율이 20%		마케 팅력	10	• 제품·가격·유통·판촉의 능력 • 유통 채널에의 접근성
	경쟁 상황	10	• 경쟁자, 수명 주기, 대체품 • 특허 및 상표의 보유 여부		제조 능력	10	• 제조를 위한 설비, 인력, 기술 및 관리의 능력
	위험 분산	10	• 세분 시장 및 응용 분야의 다양성		개발 능력	10	• 제품 개발을 위한 기술력 • 고객 서비스의 능력
	리더십	10	• 업계에서 리더십을 획득할 가능성		획득 능력	10	• 원료 및 부품의 조달 능력 • 정보 획득의 능력
	특수 상황	10	• 사회정책적으로 유리 또는 불리한 요인		경영 지원	10	• 기업 비전, 경영자, 추진 주체
	소계	60			소계	60	

‖ <표 4-1> BMO 매트릭스의 평가 요소 ‖

자사 적합도는 자금력 등 6개 요소로 60점, 합계 120점 만점으로 평가합니다.

그런데 BMO 매트릭스는 여기에서 약간 독특한 평가 기준을 제시합니다. [그림 4-4]와 같이 사업 매력도가 35점 이상이고 총점이 80점 이상이면 '통과', 사업 매력도가 35점 이상이고 총점이 60~80점 사이면 '재검토', 사업 매력도가 35점 미만이거나 총점이 60점 미만이면 '기각'한다는

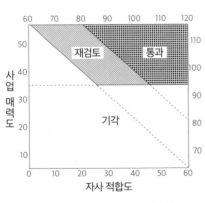

‖ [그림 4-4] BMO 매트릭스의 평가 기준 ‖

비즈니스모델 4.0

것입니다. 따라서 통과와 재검토에서 하단이 잘려나간 비대칭적인 모습을 띠게 됩니다. 그 이유는 이 모델이 처음에 다국적 제약 회사를 위해 개발된 것이기 때문입니다. 다국적 기업은 부족한 자사 적합도를 M&A 등으로 보완할 수 있기 때문에 사업 매력도를 상대적으로 중시합니다.

하지만 중소기업은 사업 매력도가 아무리 좋더라도 자사가 감당할 수 있는 사업이 아니면 어렵기 때문에 오히려 종축과 횡축을 바꾸어 자사 적합도를 중시하는 것이 바람직합니다. 중견기업이라면 그냥 대칭으로 평가해도 될 것입니다. 또한 굳이 120점 만점이 아니라 자사의 상황에 맞는 평가 요소를 도출하고 가중치를 배정해 100점 만점으로 평가해도 좋습니다.

니즈와 시즈의 교차점을 보라

새로운 사업을 위한 아이디어는 어떻게 얻고 계십니까? 신의 계시처럼 영감이 떠오르기를 기다립니까? 아니면 누군가가 해서 성공하면 그저 모방할 생각입니까? 무엇보다 중요한 것은 니즈와 시즈입니다. 니즈 중심의 접근은 외부의 기회와 동향을 활용해 사업을 개발하고, 사업 매력도의 관점에서 평가하는 것입니다. 시즈 중심의 접근은 내부의 자원과 역량을 활용해 사업을 개발하고, 자사 적합도의 관점으로 평가하는 것입니다. 특히 니즈와 시즈가 만나는 교차점이 새로운 사업을 위한 아이디어의 산실입니다. 대기업이라면 니즈에, 중소기업이라면 시즈에 상대적으로 무게중심을 두는 것이 바람직합니다.

03
고객가치 캔버스의
작성 방법

비즈니스모델은 고객에게 창출하는 가치, 가치를 전달하는 활동, 수익을 획득하는 구조의 통합적 메커니즘이라고 앞에서 말한 바 있습니다. 이 중에서도 고객과 가치는 비즈니스 아이디어의 출발점이자 구심점입니다. 파괴적 혁신으로 유명한 클레이튼 크리스텐슨 교수가 맥도날드의 고객가치를 혁신했던 사례를 먼저 살펴볼까요?

맥도날드는 미국에서 밀크셰이크를 출시하고 판매를 제고하기 위해 노력했지만 성과가 시원치 않았습니다. 그런데 밀크셰이크의 40퍼센트가 아침에 테이크아웃으로 팔린다는 수수께끼 같은 현상을 발견합니다. 조사해보니, 운전을 하면서 출근하는 사람들이 공복감과 무료함을 달래기 위해 밀크셰이크를 구매한 것이었습니다. 도넛은 가루가 떨어져서 지저분하고, 커피는 뜨거워서 위험하고, 베이글은 크림치즈를 바르기 불편한 반면에 밀크셰이크는 비교적 간편하게 오래 먹으면서 허기도 달랠 수 있었기 때문입니다.

그래서 맥도날드는 밀크셰이크를 그 특성을 유지하면서도 좀 더 걸쭉하게 하고, 과일과 과자 조각을 넣은 건강식품으로 개발합니다. 그리고 컵 사이즈를 키워 자동차의 컵홀더에 맞추고, 출구 쪽에 전용 판매대를 설치해 빨리 구입할 수 있도록 했습니다. 그 결과, 맥도날드의 밀크셰이크는 단순히 경쟁사의 밀크셰이크뿐만 아니라 샌드위치, 도넛, 바나나, 베이글, 커피 등의 시장을 잠식하면서 획기적으로 매출을 제고하게 됩니다.

고객가치 캔버스를 작성하는 방법

고객을 발견하고 가치를 설계하기 위한 기법에는 여러 가지가 있지만, 최근에는 비즈니스모델의 관점에서 접근하는 '고객가치 캔버스Customer Value Canvas'가 널리 활용됩니다. '가치 제안 캔버스Value Proposition Canvas'라고 부르기도 하지만, 고객 세그먼트와 가치 제안을 모두 고려한다는 점에서 고객가치 캔버스가 더 적절한 명칭입니다.

[그림 4-5]와 같이 고객가치 캔버스의 우측은 고객 세그먼트, 좌측은 가치 제안으로 구성되는데, 비즈니스모델 캔버스의 핵심 사항을 부분적으로 구체화하는 캔버스입니다. 우측의 고객 세그먼트에서 맨 오른쪽에 있는 해결 과제Job-to-be-done는 고객이 구매하는 제품과 서

가치 제안		고객 세그먼트	
제품과 서비스	편익 창출 방안	편익	해결 과제
	고충 해소 방안	고충	

‖ [그림 4-5] 고객가치 캔버스 ‖

비스를 통해 해결하려는 과제를 의미합니다. 기능적 측면뿐만 아니라 감성적·사회적 측면까지의 과제를 포함합니다. 고충Pains과 편익 Gains은 말 그대로 고객이 과제 수행의 과정에서 경험하는 고충과 기대하는 편익을 의미합니다. 좌측의 가치 제안에서 고충 해소 방안Pain Relievers은 고객의 고충을 감소 또는 제거하는 방안, 편익 창출 방안 Gain Creators은 고객의 편익을 증가 또는 창출하는 방안을 의미합니다. 이러한 가치 제안을 포괄한 것이 바로 맨 왼쪽에 있는 제품과 서비스입니다.

그러면 앞에서 살펴본 밀크셰이크의 사례를 통해 고객가치 캔버스를 활용하는 방법에 대해 살펴볼까요? 우측 고객 세그먼트의 상단에는 먼저 '자동차 출근자'를 기재합니다. 밀크셰이크의 해결 과제는 '차로

가치 제안: 맥모닝 셰이크		고객 세그먼트: 자동차 출근자	
제품과 서비스	편익 창출 방안	편익	해결 과제
출근자용 밀크셰이크 및 전용 판매대	• 과일·과자를 넣은 걸쭉한 음료 • 컵홀더에 맞는 빅사이즈로 판매 • 출구 쪽의 전용 판매대에서 판매	• 허기를 달래는 건강식품이면 좋겠다 • 오랫동안 먹을 수 있으면 좋겠다 • 출근길에 빨리 살 수 있으면 좋겠다	차로 출근하면서 공복감과 무료함을 달래기 위한 테이크아웃 음식
	고충 해소 방안	고충	
	• 가루가 떨어지거나 손에 묻지 않는 음식 • 차갑고 잘 쏟아지지 않는 음식 • 한 손으로 편하게 먹을 수 있는 음식	• 도넛은 먹기 지저분하다 • 커피는 뜨거워서 위험하다 • 베이글에 크림치즈를 바르려면 불편하다	

[그림 4-6] 맥도날드 밀크셰이크의 고객가치 캔버스

출근하면서 공복감과 무료함을 달래기 위한 테이크아웃 음식'이라는 것입니다.

그런데 도넛은 가루가 떨어져서 지저분하고, 커피는 뜨거워서 위험하고, 베이글은 크림치즈를 바르기 불편하다는 것이 바로 고충입니다. 빨리 사서 오래 먹으면서 허기를 달랠 수 있는 건강식품이면 좋겠다는 기대가 바로 편익입니다. 또한, 좌측 가치 제안에서 가루가 떨어지지 않고 간편하게 먹을 수 있는 차가운 음식이라는 점이 고충 해소 방안이 됩니다. 조금 더 걸쭉하게 하고, 과일과 과자 조각을 넣어 다양한 맛을 추가하고, 자동차의 컵홀더에 맞춘 빅사이즈 제품을 만들고, 출구 쪽에 전용 판매대를 만들어 빨리 살 수 있게 한 것이 편익 창출 방안이 됩니다.

이렇게 해서 개발한 최종적인 제품과 서비스가 '출근자용 밀크셰이크'입니다. 가치 제안의 상단에는 제품의 브랜드인 '맥모닝 셰이크'를 기재합니다. 이와 같이 고객가치 캔버스는 목표 고객, 해결 과제, 고충과 편익, 고충 해소 방안과 편익 창출 방안, 제품과 서비스, 브랜드의 순으로 전개하면서 고객 세그먼트를 발견하고 이에 맞도록 가치 제안을 설계하는 간단하면서 유용한 기법입니다.

고객 세그먼트와 가치 제안을 조화시켜라

많은 기업이 고객의 상황을 보지 않은 채 제품의 성능만으로 문제를 해결하려는 오류에 빠지기도 합니다. 크리스텐슨 교수는 "우리는 어떤 일을 시키기 위해 제품을 고용하는 것이다"라고 했습니다. 제품과 서비스가 고객에게 해주는 'Job-to-be-done'의 의미를 이해해야 한다는 말입니다. 고객가치 캔버스는 '우리 제품과 서비스는 무엇을 하고 싶어 하는 어떤 고객에게 어떤 고충을 줄여주고 어떤 편익을 늘려준다'라는 것을 명확히 하는 것입니다. 고객가치 캔버스를 활용해 많은 고객에게 멋진 가치를 제공한다는 비즈니스모델의 필수 조건을 점검하기 바랍니다.

04
비즈니스모델 캔버스의
작성 방법

비즈니스모델에 대한 이론적 프레임워크도 수십 가지가 넘지만, 그중에서 비즈니스모델 캔버스가 실무적으로 가장 널리 사용되고 있습니다. 알렉산더 오스터왈더가 2010년에 출간한 『비즈니스모델의 탄생』에서 제시한 비즈니스모델 캔버스는 가치를 창출하고 전달하고 획득하는 원리를 9가지 요소로 분석하고 설계합니다.

이 9가지 요소를 간단하게 살펴보면, '고객은 누구이며(고객 세그먼트), 어떤 가치를 제공하며(가치 제안), 어떤 채널을 활용하며(마케팅 채널), 고객과는 어떤 관계를 맺으며(고객 관계), 수익은 어떻게 창출하며(수익 흐름), 중요한 자원은 무엇이며(핵심 자원), 중요한 활동은 무엇이며(핵심 활동), 자원과 활동을 지원할 파트너는 누구이며(핵심 파트너), 자원과 활동에 어떤 비용이 발생되는가(비용 구조)'입니다. 비즈니스모델의 혁신은 먼저 이러한 9가지 요소를 개별적으로 개선하거나 재편하

Key Partners 핵심 파트너	Key Activities 핵심 활동	Value Propositions 가치 제안	Customer Relationships 고객 관계	Customer Segments 고객 세그먼트
	Key Resources 핵심 자원		Channels 마케팅 채널	
Cost Structure 비용 구조		Revenue Streams 수익 흐름		

▌ [그림 4-7] 표준형 비즈니스모델 캔버스 ▌

는 것으로부터 출발하지만, 궁극적으로는 이 요소들이 상호 간에 정합성을 확보하고 시너지를 창출할 수 있도록 설계하려는 것입니다.

비즈니스모델 캔버스의 작성 요령

그러면 먼저, 비즈니스모델 캔버스를 작성하는 요령에 대해 살펴볼까요?

첫째, 비즈니스모델 캔버스는 큰 종이에 인쇄해 벽에 붙여놓고 여러 사람이 토론하면서 작성하면 좋습니다.

둘째, 각 구성 요소에 대한 핵심적인 사항을 굵은 펜으로 포스트 잇에 적어서 붙이는 방식으로 비즈니스모델 캔버스를 작성하면 수정하고 보완하기 좋습니다.

셋째, 가급적 텍스트와 함께 간단한 이미지를 그리고 스토리를 만들면서 설계하고 설명하면 직관적으로 이해하거나 논리성을 검증하기 좋습니다.

넷째, B2B와 B2C 고객처럼 특성이 다른 요소가 있는 경우에는 그 관계를 포스트잇의 컬러로 구분하면 좋습니다. 거의 모든 요소에 다른 컬러의 포스트잇이 부착되는 경우에는 별도의 비즈니스모델 캔버스로 분리해 작성합니다.

구글의 비즈니스모델 캔버스의 작성 사례

이제 검색 서비스를 토대로 성장한 구글의 비즈니스모델을 [그림 4-8]과 같이 5단계로 캔버스를 작성하며 살펴보겠습니다.

1단계: 구글은 검색엔진과 IT 인프라를 구축하고 연구개발하면서 통신사와의 협력을 통해 구글닷컴에서 전 세계 네티즌에게 신속하고 정확한 검색 서비스를 제공합니다. 이 서비스는 상당한 비용이 들지만 무료로 제공합니다.

2단계: 이러한 무료 서비스를 바탕으로 확보한 많은 이용자를 활용해 광고주에게 높은 광고 효과를 제공하는 애드워즈^{AdWords} 서비스를 제공합니다. 검색 키워드를 경매 방식으로 판매해 수익을 창출하는 것입니다.

3단계: 구글은 이용자의 편의를 위해 광고의 개수, 위치, 크기를 엄격히 제한하기 때문에 구글닷컴에 광고하고 싶어도 하지 못하는 광고주가 많습니다. 이러한 광고주를 사전에 등록한 최적의 제휴 사이트에서 광고될 수 있도록 연결하는 애드센스^{AdSense} 서비스를 제공합니다. 제휴 사이트는 광고 수익을 창출하고, 구글은 중개 수수료를 받는 것입니다.

4단계: 구글은 하루 56억 개에 이르는 검색어를 빅데이터로 활용해 여러 가지 새로운 서비스를 제공합니다. 예를 들면 구글 애널리틱스^{Google Analytics}는 자사의 온라인 콘텐츠에 접근하는 경로, 방문자, 디바이스 등에 대한 분석 데이터를 제공하는 서비스입니다. 이 외에도 특정 키워드가 어디서 얼마나 검색되는지에 대한 정보를 바탕으로 시장 진입 전략을 지원하는 구글 마켓파인더^{Google Market Finder} 등이 있습니다.

5단계: 스마트폰 운영체제인 안드로이드를 이용한 GPS 정보, 실내 온도조절기인 네스트를 이용한 실내 생활의 정보, 사진 저장 클라우드 서비스인 구글 포토스를 이용한 개인 생활의 정보 등 다른 유형의 빅데이터로 확장하고 있습니다. 최근에는 이러한 빅데이터를 인공지능으로

핵심 파트너	핵심 활동	가치 제안	고객 관계	고객 세그먼트
① 통신사	① 알고리즘 연구개발 ① IT인프라 연구개발 ④ 빅데이터 마이닝 ⑤ 인공지능 연구개발 **핵심자원** ① 검색엔진 ① IT 인프라 ② 많은 이용자 ③ 많은 광고주 ④ 빅데이터 ⑤ 인공지능	① 신속·정확한 검색 ② 높은 광고 효과 ③ 광고 수익 창출 ④⑤ 다양한 가치	① 기본화면·즐겨찾기 ① 자동·맞춤 검색 ② 자동·맞춤 광고 노출 ③ 자동·맞춤 광고 연결 **마케팅 채널** ① Google.com ② AdWords ③ AdSense ⑤ 인공지능 플랫폼	① 네티즌 ② 광고주 ③ 웹사이트 블로그 ④⑤ 다양한 고객

비용 구조	수익 흐름
① 시설비 ① 인건비 ① 개발비 ① 운영비	① 무료 검색 ③ 중개 수수료 ② 키워드 경매 ④⑤ 다양한 수익

[그림 4-8] 구글 검색 서비스의 비즈니스모델

분석해 새로운 가치를 창출하는 동시에 인공지능 플랫폼을 구축하기 위한 전략적 노력을 집중하고 있습니다. 2016년에 구글 어시스턴트Google Assistant를 기반으로 한 인공지능 스피커인 구글 홈Google Home을 출시하고 스트리밍과 큐레이션 서비스를 제공하는 것이 그런 노력의 일환입니다.

온라인 검색 서비스에서 출발한 구글은 이와 같은 비즈니스모델로 '전 세계의 정보를 체계화해 누구나 편리하게 접근하고 유용하게 사용할 수 있도록 한다'는 미션을 추구하면서 글로벌 시가총액 1위를 다투는 기업으로 성장한 것입니다.

비즈니스모델 캔버스의 축약 방법

필자는 종종 "비즈니스모델을 잘 모르는 직원들과 워크숍을 가려고 한다. 비즈니스모델 캔버스의 마케팅 채널과 고객 관계를 구분하기가 어렵다. 핵심 자원과 핵심 활동을 꼭 구분해야 하는가"와 같은 질문을 받곤 합니다. 이와 같이 비즈니스모델 캔버스를 정확히 이해하기 어려운 경우에는 비즈니스모델 캔버스를 축약해 사용할 수도 있습니다.

먼저 비즈니스모델 캔버스의 마케팅 채널과 고객 관계를 '마케팅 채널'로 통합하고, 핵심 자원과 핵심 활동을 '핵심 역량'으로 통합하면 요소는 7개가 됩니다. 이렇게 하면 사업과 전략을 세우는 사람이라면 누구나 이해할 수 있는 요소만 남기 때문에 비즈니스모델을 잘 모르는

[그림 4-9] 축약형 비즈니스모델 캔버스

사람과도 토론하기 쉽습니다. 굳이 비용 구조까지 설계하지 않으려면 수익 흐름만 남겨두게 되니 요소는 6개가 됩니다. 핵심 역량과 핵심 파트너를 가치사슬로 통합하면 요소는 5개가 됩니다. 가치사슬과 마케팅 채널을 '운영 방식'으로 통합하면 요소는 4개가 됩니다.

고객 세그먼트는 'Who', 가치 제안은 'What', 운영 방식은 'How'로 표현할 수 있습니다. 수익 흐름을 'Why'로 표현한다면 합쳐서 4하원칙이 됩니다. 비즈니스모델을 구성하는 요소를 더 줄이면 필수적인 요소가 누락되거나 개념이 모호해지기 때문에 여기가 마지노선이라고 생각합니다.

이와 같이 Who(고객 세그먼트), What(가치 제안), How(운영 방식), Why(수익 흐름)라는 비즈니스모델의 4하원칙을 재편함으로써 후발 기업이 선발 기업이 점유하지 않은 니치마켓을 발견하거나 도전 기업이 선도 기업과 다른 사업 영역을 개발할 수 있습니다.

닌텐도의 비즈니스모델 캔버스의 작성 사례

혹시 MMORPG라는 말을 들어보신 적이 있습니까? 'Massive Multiplayer Online Role Playing Game'을 줄인 말로, 아주 많은 이용자가 역할놀이를 하는 게임이라는 의미입니다. 우리나라에서는 〈리니지〉, 미국에서는 〈워크래프트〉가 대표적인 MMORPG입니다. 이런 게

가치 제안 (What)	운영 방식 (How)	고객 세그먼트 (Who)
고사양 게임기 강력한 사운드 화려한 그래픽 복잡한 스토리	API 비공개 및 독자적 개발 높은 개발·제조 비용	남자아이 게임 마니아

수익 흐름(Why)
고가의 게임기를 저가에 판매 고가의 여러 게임

[그림 4-10] 가정용 게임의 전통적 비즈니스모델

임은 통상 강력한 사운드, 화려한 그래픽, 복잡한 스토리를 강조합니다.

그런데 이와는 달리 아주 간단한 게임으로 시장을 공략한 것이 닌텐도Nintendo입니다. 1889년 화투 회사로 출발해 완구 회사를 거쳐 1977년 게임 사업에 진입한 닌텐도는 1990년대까지 휴대용 게임기인 게임보이로 업계를 선도했습니다. 그러다 마이크로소프트의 엑스박스Xbox나 소니의 플레이스테이션Playstation, 그리고 MMORPG 등으로 인해 위기를 맞게 됩니다. 이에 닌텐도는 2004년에 DS, 2006년에 위Wii를 출시하면서 새로운 비즈니스모델로 대응합니다. 여기서 4하원칙으로 축약한 캔버스를 활용해 닌텐도 위의 비즈니스모델을 살펴볼까요?

과거의 가정용 게임은 남자아이를 주고객으로 했습니다. 이들의 상당수는 게임 마니아입니다. 이들에게 강력한 사운드, 화려한 그래픽,

가치 제안 (What)	운영 방식 (How)	고객 세그먼트 (Who)
저사양·동작 센서 게임기 단순하고 다양한 게임 운동과의 결합 지인과의 놀이	API 공개 및 개방형 개발 낮은 개발·제조 비용	남녀노소 일반 사용자
게임 판매 수익		게임 개발자

수익 흐름(Why)

저가의 게임기 및 저가의 많은 게임
게임 판매 로열티

[그림 4-11] 닌텐도 'Wii'의 비즈니스모델

복잡한 스토리가 구현되는 고사양의 게임기와 게임을 판매했습니다. 게임을 개발하기 위한 프로그램인 API는 공개하지 않기 때문에 게임 회사들만 자기 회사의 게임을 개발했습니다. 따라서 제조 비용은 물론 개발 비용이 매우 많이 들었습니다. 대부분의 게임 회사가 고가의 게임기는 비교적 저가에 판매하고 상대적으로 비싼 여러 게임을 판매해 수익을 창출하는 수익 흐름을 가지고 있었습니다.

그런데 비고객에 주목한 닌텐도는 "왜 게임을 하지 않을까?"라는 질문을 통해 '하기 쉬운 게임'을 개발하기로 했습니다. 우선 고객 세그먼트는 남녀노소로 확대했습니다. 이들의 대부분은 게임 마니아가 아닌 일반 사용자였습니다. 이들에게 동작 센서를 통해 운동과 결합하거나 지인과 놀 수 있는 단순하고 다양한 게임을 판매했습니다.

따라서 게임기는 사양이 좋을 필요가 없었습니다. 특별한 점이 있다면 동작 센서를 추가한 것입니다. 그리고 게임을 개발하기 위한 프로그램인 API를 공개했기 때문에 많은 게임 개발자가 위에서 플레이할 수 있는 게임을 개발해 판매하고 닌텐도는 로열티를 받았습니다. 이전에도 부분적으로 있기는 했지만 닌텐도가 본격적인 비즈니스모델로 정착시킨 것입니다. 지금으로 치자면 앱스토어 같은 개념입니다. 따라서 제조 비용은 물론 개발 비용이 많이 절약되었습니다. 게임기는 저가이기 때문에 마진을 붙여서 제 가격에 판매할 수 있었고, 상대적으로 싼 여러 게임에서 판매 수익과 로열티를 창출하는 수익 흐름을 확보한 것입니다.

닌텐도는 이러한 비즈니스모델을 바탕으로 2000년대 후반까지 DS와 위를 합쳐 2억 대 이상의 게임기를 판매했습니다. 하지만 자사의 게임기 플랫폼에 집착한 나머지 모바일 시장으로의 전환에 제대로 대응하지 못합니다. 매출은 2009년에 1조 8,000억 엔으로 정점을 찍은 이후, 2015년에는 5,498억 엔으로 감소하며 적자의 늪에서 허덕인 것은 잘 알려진 사실입니다.

그러다 2016년에 구글의 자회사인 나이언틱Niantic이 닌텐도의 게임 캐릭터에 AR와 GPS를 결합해 출시한 〈포켓몬고Pokemon Go〉가 폭발적 인기를 끌자 주가가 상승합니다. 이를 기반으로 닌텐도는 지적재산권 기업으로의 확장과 스위치Switch 같은 새로운 게임의 개발을 통해 기업 회생에 성공한 사례가 되고 있습니다.

상황에 맞는 비즈니스모델 캔버스를 사용하라

비즈니스모델 캔버스는 9가지 요소의 개별적인 개선은 물론 전체적인 조화를 통해 비즈니스를 혁신하려는 것입니다. 비즈니스모델 캔버스는 첫째, 총체적이기 때문에 전략적 관점을 가질 수 있고, 둘째, 공통의 프레임워크를 통해 원활한 의사소통을 할 수 있고, 셋째, 시각적이기 때문에 이해하기 쉽고, 넷째, 다양한 참여자의 협업이 용이하고, 다섯째, 수정이 쉽기 때문에 창의성이 제고된다는 방법론적 장점이 있기 때문에 실무적으로 가장 널리 사용됩니다. 또한 토론에 참여하는 사람의 사전 학습 정도 등을 고려해 4가지 요소로 축약한 비즈니스모델 캔버스를 사용할 수도 있고, 필요하다면 자사의 상황에 적합한 비즈니스모델 캔버스를 만들 수도 있습니다. 비즈니스모델 캔버스를 활용해 제품 중심적 접근이나 개별 기능적 접근의 한계에서 벗어나 자신만의 비즈니스모델을 창출하기 바랍니다.

05
시장을 증폭시키는
로드맵

성공적인 비즈니스모델이 되기 위한 필수 조건은 고객과 가치, 즉 많은 고객에게 멋진 가치를 제공하는 것입니다. 여기에서 고객 측면의 수요와 가치 측면의 가격이 증가하면 그 곱만큼 시장이 커집니다. 물론 수요와 가격이 상호작용하기도 하지만, 꼭 그런 것만은 아니므로 구분해서 생각해보겠습니다.

역사적으로 볼 때, 많은 제품이 산업용에서 가정용, 나아가 개인용으로 진화하면서 시장이 확대되어왔습니다. 모든 비즈니스가 이러한 흐름을 따르는 것은 아니며, 오히려 반대의 흐름으로 진전되는 경우도 있습니다. 하지만 가장 전형적인 로드맵이라고 할 수 있습니다. 컴퓨터가 산업용 메인프레임, 가정용 데스크탑, 개인용 노트북으로 진화한 것이나, 전화가 공공용 교환전화, 가정용 유선전화, 개인용 휴대폰으로 진화한 것이 대표적인 사례입니다.

여기에서 산업용은 전문가용, 가정용은 일반인용, 개인용은 휴대용의 개념을 포함합니다. 리바이스가 골드러시 시대에 텐트용 데님으로 만든 광부용 작업 바지를 개발한 후 최초의 대중 의류 브랜드로 성장한 것은 일반인용으로 진화한 경우입니다. 하이얼Haier이 2015년에 키친타월을 깔고 1분에 700회의 진동으로 옷의 얼룩을 지울 수 있는 립스틱 크기의 휴대용 세탁기 코튼Coton을 출시한 것은 휴대용으로 진화한 것입니다.

미세먼지에 대한 불안감이 큰 요즈음 '휴대용 공기청정기를 개발할 수는 없을까?'라는 생각이 이러한 로드맵에 입각한 응용적 사고입니다. 그런데 개인용이나 휴대용에서도 시장을 증폭시킬 수 있는 방안이 더 있습니다. 어떻게 하면 또다시 수요나 가격을 증폭시킬 수 있는지, 가장 대표적인 5가지의 로드맵을 살펴보겠습니다.

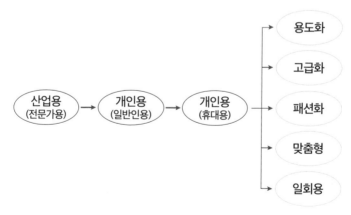

[그림 4-12] 시장 증폭의 로드맵

첫 번째는 용도화입니다. 즉 그 제품을 사용하는 새로운 용도를 개발하는 것입니다. 나이키가 운동할 때만 착용하던 농구화, 운동 셔츠, 운동모자 등을 일상생활에서도 착용하도록 발전시킨 것이 대표적인 사례입니다. 이 외에도 미국의 양키캔들Yankee Candle은 양초의 용도를 '불을 밝히는 도구'에서 '환대, 장식 및 향기의 도구'로 전환함으로써 10억 달러 이상의 매출을 올리고 있습니다. 일본의 토신Toshin은 타월과 머플러를 결합해 개발한 타후라를 스포츠 서포터즈용으로 판매해 새로운 시장을 개척하고 있습니다.

두 번째는 고급화입니다. 즉 차별적인 가치를 제공해 가격을 높이는 것입니다. 노르웨이의 스토케Stokke가 '유모차계의 벤츠'로 불리는 것이나, 이탈리아의 알레시Alessi가 기능 위주이던 주방용품 산업에서 예술적 디자인을 겸비한 멋진 제품을 개발한 것이 대표적인 사례입니다. 이 외에도 일본의 주진스Zoo Jeans는 동물원과 제휴해 사자, 호랑이, 곰이 물고 뜯은 원단으로 찢어진 청바지를 만든 후 경매에 붙여 고가에 판매하고 그 수익을 동물기금에 기부하기도 했습니다.

세 번째는 패션화입니다. 즉 멋을 부리기 위해 여러 제품을 가지거나 유행에 따라 새로 구매하게 하는 것입니다. 옷이나 액세서리 등에서는 아주 일반화된 것이지만 스와치그룹Swatch Group은 시계에서 이 패션화를 구현했습니다. 1848년에 오메가로 설립된 스와치그룹은 1983년부터 몇 개월마다 당시의 이슈, 감성, 문화 등을 반영한 스와치Swatch를 한정 생산해 희소한 가치와 저렴한 가격이라는 두 가지 고객

스와치 시계의 광고

가치를 충족시켰습니다. 고객은 의상에 적합한 것을 착용하기 위해 디자인이 다른 시계를 여러 개 구입하거나, 시즌이 지나면 다른 시계로 바꿉니다. 이를 통해 스와치그룹은 저가격과 다기능을 강조한 일본의 시티즌, 세이코, 카시오 등의 공세 때문에 시장점유율이 급락하던 위기를 극복하고 세계 1위의 시계 회사로 부활합니다.

　네 번째는 맞춤형입니다. 즉 개개인을 위한 맞춤형 제품을 개발하는 것입니다. 미국의 마즈가 고객이 원하는 색상, 글자, 이미지 및 패키지로 만든 초콜릿캔디인 '마이 엠앤엠즈'를 세 배나 비싼 가격에 선물용이나 접대용으로 판매하는 것이 대표적인 사례입니다. 이 외에도 나이키는 2012년부터 온라인 사이트 및 오프라인 스튜디오를 통해 운동화를 맞춤식으로 디자인해 주문할 수 있는 'NIKEiD' 서비스를 제공하고 있습니다. 최근에는 3D를 활용한 제조 혁신과 인공지능을 이용한 고객 응대가 가능해지면서 이러한 맞춤형 제품과 서비스의 개발이 더욱 주목받고 있습니다.

다섯 번째는 일회용입니다. 즉 한 번 또는 한정된 기간만 사용하고 다시 구매하게 하는 것입니다. 미국의 킴벌리클라크Kimberly-Clark 가 1924년에 손수건 대신 사용할 수 있는 일회용 화장지인 크리넥스를 개발하고 이 개념을 생리대 등으로 발전시킨 것이 대표적인 사례입니다. 이 외에도 미국의 빈타운베딩Beantown Bedding은 세탁이 번거로운 대학생이나 에어비앤비 호스트 등을 위해 생분해성 섬유로 만들어 몇 주만 사용하고 버릴 수 있는 침대 시트를 개발해 구독 서비스로 제공하고 있습니다.

고객과 가치로 시장을 증폭시켜라

대부분의 기업이 더 많은 고객을 유치하기 위해 한정된 시장에서 고객 쟁탈을 하고 있는 것이 현실입니다. 그렇다면 산업용(전문가용)에서 가정용(일반인용)과 개인용(휴대용)으로 진화하는 방안을 모색하십시오. 나아가 용도화, 고급화, 패션화, 맞춤형, 일회용으로 진화할 수는 없는지 살펴보십시오. 고객 측면의 수요와 가치 측면의 가격을 통해 시장을 증폭시키는 새로운 로드맵을 찾을 수 있을 것입니다.

블루오션을 찾아가는
항로

김위찬과 르네 마보안Renée Mauborgne이 2005년에 출간한 『블루오션 전략』은 비즈니스모델에 관한 지평을 넓혔다는 평가를 받으며 세계적인 베스트셀러가 되었습니다. 가치 요소를 제거하고 감소하고 증가하고 창조하는 ERRC 분석을 통해 경쟁이 없는 새로운 시장을 창출하라는 것이 핵심입니다. 동물을 제거하고, 위험을 감소하고, 공연장을 증가하고, 스토리를 창조한 '태양의 서커스'가 대표적인 사례로 꼽힙니다. 그러나 블루오션을 찾아가는 것이 말처럼 쉬운 일은 결코 아닙니다. 어떻게 해야 블루오션과 같은 새로운 비즈니스모델을 만들 수 있을까요?

첫 번째 항로는 대안 산업을 접목하는 것입니다. 같은 시기에 개봉한 두 편의 영화는 경쟁품입니다. 극장 영화와 비디오 영화는 형태가 다른 대체품입니다. 극장과 레스토랑은 형태와 기능은 다르지만 즐

태양의 서커스 <토룩>의 한 장면

거운 시간을 보낸다는 목적이 같다면 대안품입니다. 인천문학경기장은
약간의 주류와 삼겹살을 먹으면서 단체로 응원할 수 있는 구역을 운영
해 고깃집과 노래방으로 가던 단체 회식 고객을 야구장으로 유인했습
니다. 대안품의 장점을 반영해 새로운 비즈니스모델을 개발한 좋은 사
례입니다.

두 번째 항로는 전략 집단을 융합하는 것입니다. 동일한 산업에서
유사한 전략을 구사하는 기업의 무리가 전략 집단입니다. 서로 다른
전략 집단의 장점을 융합해 새로운 비즈니스모델을 만드는 것입니다.
예를 들면 여성의 관점에서 헬스클럽은 운동하기에 좋지만 비싼 데다가 남자로 인해 불편한 반면, 재택 운동은 싸고 편리하지만 재미가 없습니다. 미국의 커브스^{Curves}는 이러한 전략 집단을 융합해 여성들끼리 저렴하고 재미있게 운동할 수 있도록 함으로써 글로벌 1위의 헬스클럽 체인으로 성장합니다.

세 번째 항로는 구매사슬을 변경하는 것입니다. 구매사슬이란 구매 과정에 직간접적으로 관여하는 사람을 의미합니다. 장난감을 엄마가 결정해서 아빠가 구매하고 아이가 사용하는 것처럼 말입니다. 1990년대 모토로라가 지배하던 우리나라 휴대폰 시장에서 삼성과 LG가 통신 서비스 사업자 전용 단말기로 시장을 재편한 것도 구매사슬을 변경해 성공한 사례의 하나입니다.

네 번째 항로는 보완품을 제공하는 것입니다. 어떤 제품이나 서비스를 사용하기 위해 필요한 보조적 요소를 제공한다는 의미입니다. 25개의 스크린을 가진 벨기에의 키네폴리스는 어린이 놀이방을 부대시설로 설치하고, 네덜란드의 벨레뷔 극장은 영화를 예약하면 돌보미를 할인가로 보내줍니다. 모두 영화를 보고 싶어도 보기 어려웠던 아기 엄마에게 보완품을 제공해 고객층으로 흡수한 사례입니다.

다섯 번째 항로는 기능과 감성을 재편하는 것입니다. 현재의 비즈니스모델이 기능적 또는 감성적 측면의 어느 한쪽에 치우쳐 있다면 다른 쪽에서 기회를 찾으라는 것입니다. 기능 중심의 제품에 감성을 입히는 것이 가장 일반적이지만 감성 중심의 제품에 기능을 입힐 수도 있습니다. 게토레이^{Gatorade}가 달고 톡 쏘는 맛이 주류인 감성 위주의 음료 시장에 달지 않고 흡수가 빠른 기능성 이온 음료를 출시한 것이 대표적인 사례입니다.

여섯 번째 항로는 시대적 흐름을 반영하는 것입니다. 예를 들면 환경보호, 동물보호, 여성 주권 등과 같은 사회문화적 메가트렌드를 반영하라는 것입니다. 예쁜 공주와 멋진 왕자의 애니메이션으로 유명한 디즈니가 가족 간의 사랑과 적극적인 여성상을 강조한 〈겨울왕국〉으로 12억 달러라는 기록적인 흥행 수익을 올린 것이 시대적 흐름을 반영한 멋진 사례입니다.

블루오션을 찾아가는 일곱 번째이자 가장 중요한 항로는 비고객을 추구하는 것입니다. 구매를 주저 또는 거부하거나, 전혀 개척된 적이 없는 비고객은 통상 고객보다 훨씬 많습니다. 이러한 비고객을 고객으로 유인하고 흡수하라는 것입니다. 캘러웨이가 헤드를 키워 더 치기 쉬운 빅버사 드라이버를 출시해 돈과 시간이 있고 운동도 하지만 골프가 어려워서 하지 않던 새로운 고객을 확보한 것처럼 말입니다.

무지개처럼 아름답게 통합하라

시장의 경계선을 넓히고, 비고객을 고객화해 좁고 붉은 시장에서 벗어나 넓고 푸른 시장으로 나아가라는 블루오션 전략의 메시지는 비즈니스모델에 큰 영감을 줍니다. 그렇다면 레드오션 전략은 나쁜 것일까요? 마이클 포터가 1980년에 출간한 『경쟁 우위』에서 주창한 본원적 전략Generic Strategy이 대표적인 레드오션 전략의 하나입니다. 원가 우위, 차별화, 집중화라는 세 가지 무기를 선택해 경쟁한다는 것이 핵심인데, 시장 경쟁에 치중하기 때문에 시장 창출에 미흡하다는 지적을 받기도 했습니다. 그런데 특정한 영역에서 한시적으로 블루오션을 향유할 수는 있어도 이내 레드오션이 되고 마는 것이 비즈니스의 현실입니다. 또한 경쟁은 시장을 확대하고 혁신을 촉진시키기도 합니다. 즉 경쟁은 꼭 피해야 할 것이 아니라 이기면 좋은 것입니다.

여기에서 블루오션 전략과 레드오션 전략의 이분법을 극복할 수는 없을까요? 사실 모든 상황에 적용될 수 있는 유일무이한 전략은 없습니다. 모든 전략 이론은 특정한 상황에 적용되는 바둑의 정석과 같습니다. 예를 들면 레드오션 전략은 단기적인 지향성이 크기 때문에 생존과 밀접한 반면에 블루오션 전략은 장기적인 지향성이 크기 때문에 성장과 밀접합니다. 그런데 생존과 성장, 단기적 관점과 장기적 관점은 기업 경영에서 양자택일이 아니라 균형과 조화의 문제임은 주지의 사실입니다. 이런 점에서 레드오션 전략과 블루오션 전략도 균형과 조화가 필요합니다. 사실 블루오션과 레드오션 외에도 다양한 인사이트를 주는 전략 이론이 무수히 많습니다. 빨강과 파랑, 그리고 또 다른 색이 모여 아름다운 무지개가 되는 것처럼, 다양한 전략을 이해하고 상황과 목적에 맞추어 활용해보십시오. 비즈니스가 무지개처럼 빛날 것입니다.

07
가치요소의
황금비율

고객이 제품과 서비스에서 가치를 느끼는 요소는 여러 가지가 있습니다. 대표적인 것이 성능과 같은 기능적 가치, 디자인과 같은 감성적 가치, 환경보호와 같은 사회적 가치 등입니다. 이 모든 가치 요소를 완벽하게 충족시킬 수는 없기 때문에 적절한 선택과 집중이 필요합니다. 그렇다면 이러한 가치 요소의 황금비율은 어떻게 찾을 수 있을까요?

I/P 매트릭스I/P Matrix라는 간단한 기법을 활용해 이 문제를 살펴보겠습니다. I/P 매트릭스는 고객의 관점에서 가치 요소에 대한 중요성importance과 수행도performance를 평가하는 기법입니다. Y축의 중요성은 값이 클수록 고객이 그 가치 요소를 더 중요하게 생각한다는 것입니다. X축의 수행도는 값이 클수록 우리 회사가 경쟁사에 비해 가치 요소의 수행을 더 잘한다는 것입니다. 수행도의 중간 값은 고객이 볼

때 우리 회사나 경쟁사에 별 차이가 없다는 것을 의미합니다. 그럼 햄버거 매장에 대한 가상의 사례를 통해 I/P 매트릭스를 활용하는 방법에 대해 알아볼까요?

1단계: 고객을 통해 가치 요소의 현상을 파악합니다. 즉 [그림 4-13]과 같이 M패스트푸드에 대한 가치 요소를 도출해 I/P 매트릭스를 작성하는 것입니다. 우선 고객이 햄버거 매장을 선택할 때 고려하는 가치 요소를 도출합니다. 그리고 고객이 각 가치 요소를 얼마나 중요하게 생각하는지, 우리 회사가 경쟁사에 비해 얼마나 잘하는지를 평가합니다. 중요성의 측면에서, 고객은 1번 맛과 2번 용량을 중요하게 생각하고, 13번 포장재나 12번 음식 모양은 사소하게 생각한다는 것입

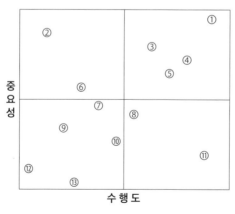

① 맛
② 용량
③ 가격
④ 점심 메뉴
⑤ 신속도
⑥ 청결도
⑦ 점포 입지
⑧ 분위기
⑨ 친절도
⑩ 저녁 메뉴
⑪ 아침 메뉴
⑫ 음식 모양
⑬ 포장재

‖ [그림 4-13] I/P 매트릭스: 현상의 파악 ‖

니다. 수행도의 측면에서, 고객은 우리 회사가 1번 맛과 11번 아침 메뉴는 경쟁사에 비해 우수한데, 12번 음식 모양과 2번 용량은 경쟁사에 비해 미흡하다고 평가하는 것을 의미합니다.

　2단계: 파악한 현상으로부터 의미를 추출합니다. 즉 [그림 4-13]과 같이 작성된 I/P 매트릭스에서 어떤 가치 요소가 문제인지를 분석하는 것입니다. 모든 비즈니스는 제한된 자원을 효율적으로 활용해야 합니다. 이것을 의미하는 것이 [그림 4-14]와 같은 대각선입니다. 즉 중요한 것일수록 수행도를 높이고, 사소한 것일수록 수행도를 낮춰야 합니다. 따라서 대각선의 좌상부에 위치한 가치 요소는 중요성에 비해 수행도가 낮은, 즉 자원의 과소 투입을 의미합니다. 대각선의 우하부에 위치한 가치 요소는 중요성에 비해 수행도가 높은, 즉 자원이 과다 투입

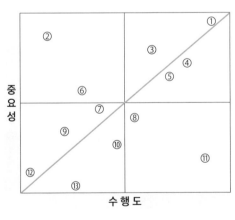

┃ [그림 4-14] I/P 매트릭스: 의미의 추출 ┃

된 것을 의미합니다. 특히 2번 용량은 고객이 매우 중요하게 생각함에도 불구하고 너무 용량이 적고, 11번 아침 메뉴는 고객이 아주 사소하게 생각함에도 불구하고 너무 메뉴가 많다는 것입니다. 즉 대각선에서 거리가 멀수록 그 가치 요소의 중요성과 수행도에 불균형이 크다는 것을 의미합니다.

3단계: 추출한 의미를 바탕으로 행동을 선택합니다. 2번 용량과 11번 아침 메뉴가 가장 문제 있는 가치 요소라면 어떻게 개선할 것인가를 결정해야 합니다. 결국, 어떤 방향으로 이동해 대각선에 인접할 것인가를 선택하는 것입니다. [그림 4-15]에서 A, 즉 횡으로의 이동은 우리 회사의 수행도를 조절하는 것입니다. B, 즉 종으로의 이동은 중요성에 대한 고객의 인식을 바꾸는 것입니다. 복합적인 이동인 C는 부

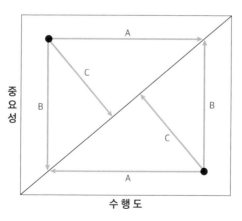

① 맛
② 용량
③ 가격
④ 점심 메뉴
⑤ 신속도
⑥ 청결도
⑦ 점포 입지
⑧ 분위기
⑨ 친절도
⑩ 저녁 메뉴
⑪ 아침 메뉴
⑫ 음식 모양
⑬ 포장재

| [그림 4-15] I/P 매트릭스: 행동의 선택 |

분적으로 우리 회사의 수행도를 조절하면서 중요성에 대한 고객의 인식도 바꾸는 것을 의미합니다. 예를 들어 2번 용량을 A로 이동하는 것은 용량을 늘리는 것이고, B로 이동하는 것은 많이 먹는 것이 좋지 않다고 설득하는 것이고, C로 이동하는 것은 용량을 조금 늘리면서 이것이 적정 용량이라고 설득하는 것입니다. 11번 아침 메뉴를 C로 이동하는 것은 메뉴를 적절하게 줄이고, 아침에도 종종 다른 메뉴를 즐기라고 설득하는 것입니다.

그렇다면 어떤 방향으로 이동하는 것이 가장 바람직할까요? 일반적으로 수행도를 높이면 자원이 투입되고 수행도를 낮추면 자원이 절감됩니다. 고객의 인식을 바꾸는 것에는 모두 자원이 투입됩니다. 그런데 자원이 투입되고 절감되는 정도는 가치 요소마다 다릅니다. 예를 들면 수행도의 관점에서 분위기를 바꾸는 것보다 점포 입지를 바꾸는 것에 비용이 더 듭니다. 중요성의 관점에서 너무 많이 먹지 말라고 할수는 있지만 조금 더러워도 먹으라고 하기는 어렵습니다. 결국, 대각선에서 떨어져 있는 각 가치 요소는 어떤 방향으로 이동하면 자원의 투입을 최소화하거나 자원의 절감을 최대화하면서 대각선에 근접할 수있는지를 파악해야 합니다. 그 방향이 바로 최적의 개선 방향일 것입니다.

비즈니스모델 4.0

가치 요소의 황금비율을 찾아라

모든 회사가 고객에게 가치를 제공하기 위해 많은 자원을 투입하고 있지만 중요성과 수행도의 균형을 잃는 경우가 적지 않습니다. 고객이 중요하게 생각하지도 않는 것을 너무 열심히 하거나, 고객이 중요하게 생각하는 것을 너무 소홀히 하는 것이 바로 가치 요소의 불균형입니다. I/P 매트릭스를 활용해 가치 요소의 현상을 파악하고, 의미를 추출하고, 행동을 선택하기 바랍니다. 제한된 자원을 효율적으로 배분할 수 있는 가치 요소의 황금비율을 찾을 수 있을 것입니다.

08
가치 활동의
무게중심

고객에게 제공하는 모든 가치 요소는 가치 활동을 통해 창출되고 전달됩니다. 제조업은 제품의 개발, 조달, 생산 및 판매, 학원업은 과정 개발, 강사 섭외, 학생 모집 및 과정 진행 등과 같은 핵심적 가치 활동을 통해 고객과 자사를 위한 가치를 창출합니다. 이러한 가치 활동을 수행하기 위해서는 당연히 비용이 듭니다. 따라서 모든 가치 활동은 비용 이상의 가치를 창출해야 존재의 의의가 있을 것입니다. 하지만 실제로는 그렇지 못한 경우가 많습니다. 게다가 비용 이상의 가치를 창출하고 있더라도 더 많은 가치를 창출하고 더 많은 비용을 절감할 수 있는 혁신의 영역을 놓치는 경우도 적지 않습니다.

그렇다면 이러한 가치 활동의 무게중심은 어떻게 찾을 수 있을까요? ERRC 분석이라는 간단한 개념을 활용해 이 문제를 살펴보겠습니다. 블루오션 전략에서 소개된 ERRC 분석은 가치 요소를 제거eliminate

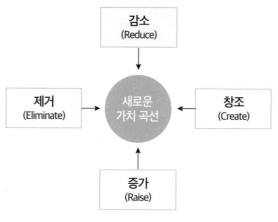

| [그림 4-16] 가치 활동의 ERRC |

하고 감소^{reduce}하고 증가^{raise}하고 창조^{create}해 가치를 제고하고 비용을 절감하는 방법입니다. 그런데 ERRC 분석은 여러 요소는 물론 여러 활동의 조합을 개선하는 데에도 널리 활용되는 관점입니다.

가치 활동을 ERRC로 분석하는 방법

가치 활동을 혁신하기 위해서는 먼저 그 비즈니스의 핵심적 가치 활동을 파악하는 것이 필요합니다. 가치 활동은 자사 내부의 활동뿐만 아니라 이와 관련된 공급자나 유통 채널의 활동까지 포함하는 것이 좋습니다. 그리고 현재 수준을 유지할 활동, 제거할 활동, 감소할 활동,

브라질					한국		
원료 추출	원료 분쇄	원료 고형	원료 포장	원료 운송	포장 제거	원료 분쇄	생산 투입

┃ [그림 4-17] 초콜릿 회사의 'As-Is' 가치 활동 ┃

증가할 활동, 창조할 활동을 파악해야 합니다. 판단의 기준은 그 가치 활동이 본질적으로 가치를 창출하거나 비용을 절감하고 있는지를 확인하는 것입니다. 브라질로부터 원료를 조달하는 우리나라 초콜릿 회사에 대한 가상의 사례를 통해서 한번 살펴볼까요?

[그림 4-17]과 같이 브라질의 농장에서 카카오를 구입한 원료 공급자가 카카오를 분말로 만든 코코아를 덩어리로 굳힌 후 포장해 한국으로 보냅니다. 한국의 초콜릿 공장은 포장을 제거하고 코코아 덩어리를 갈아서 생산 라인에 투입해 초콜릿을 만듭니다. 크게 보면 '원료 추출→원료 분쇄→원료 고형→원료 포장→원료 운송→포장 제거→원료 분쇄→생산 투입'이라는 가치 활동을 수행하는 것입니다.

여기에서 각 가치 활동의 본질적인 가치를 살펴보아야 합니다. [그림 4-18]과 같이 원료 추출은 고객이 좋아하는 좋은 품질의 원료를 많이 수확하면 좋으므로 '증가'의 대상입니다. 원료 분쇄는 카카오를 코코아로 만드는 과정에서 필수적이고 특별한 개선의 대안이 없다면 '유지'의 대상입니다. 원료 고형은 고객이나 기업에 어떤 가치를 주는지 명확하지 않기 때문에 가능하다면 '제거'의 대상입니다. 원료 포장

비즈니스모델 4.0

| 원료
추출 | 원료
분쇄 | | 원료
포장 | 원료
운송 | 포장
제거 | | 생산
투입 | 맛·색
형태 |

[그림 4-18] 초콜릿 회사의 'To-Be' 가치 활동

은 손실이나 오염을 방지하고 운송을 편리하게 하는 등의 가치가 있지만, 이러한 효과가 유지되는 범위에서는 줄이는 것이 좋기 때문에 '감소'의 대상입니다.

한국의 소비자가 브라질의 원료로 만든 초콜릿을 먹으려면 원료 운송은 필수적이고 특별한 개선의 대안이 없다면 '유지'의 대상입니다. 포장 제거는 원료를 생산에 투입하기 위해 꼭 해야 할 활동이지만, 브라질에서 원료 포장을 최소한으로 했다면 한국에서도 줄일 수 있으므로 '감소'의 대상입니다. 원료 분쇄는 초콜릿을 만들기 위해 필수적이지만 브라질에서 원료 고형을 하지 않았다면 하지 않아도 될 일이기 때문에 가능하다면 '제거'의 대상입니다. 생산 투입은 코코아로 초콜릿을 만드는 과정에서 필수적이며 특별한 개선의 대안이 없다면 '유지'의 대상입니다. 여기에서 한 걸음 더 나아가 초콜릿의 맛이나 형태 및 색상을 새롭게 한다면 이것은 전에는 없었던 '창조'의 대상이 됩니다. 이렇게 하면 가치 활동에서 전체적으로 가치는 높이고 비용은 줄이는 개선 방안을 찾을 수 있습니다.

사실 듣고 보면 너무나 당연하지만 실제로는 불필요한 일을 하거나 가치가 낮은 활동에 큰 비용을 투입하는 경우가 적지 않습니다. 예를 들면 원료 포장을 너무 잘하면 생산에 투입하기 위해 포장을 제거하는 활동이 필요합니다. 그러므로 원료 포장은 그 목적이 달성되는 범위에서 최소화하는 것이 좋습니다. 나아가 용기에 담아 운송하고, 그 용기를 그대로 생산 라인에 연결할 수 있다면 포장을 벗기고 생산 라인에 투입하는 활동을 제거하거나 감축할 수 있습니다.

이와 같이 어떤 가치 활동은 다른 가치 활동에도 영향을 미칩니다. 제품 설계를 잘하면 불량품이 감소하고, 출하 검사를 잘하면 AS 비용이 감소하는 것이 그러한 사례의 하나입니다. 설계, 생산, 검사, AS 모두 중요하지만 어떤 것이 전체적인 가치 창출과 비용 절감에 더 큰 영향을 미치는지를 고려해 ERRC한다면 더 좋은 방안을 찾을 수 있습니다.

가치 활동의 무게중심을 찾아라

모든 사람은 자기 업무가 비즈니스를 수행하기 위해 꼭 필요하다고 생각하지만, 실제로는 비용 대비 가치 활동의 균형을 잃는 경우가 적지 않습니다. 높은 가치를 창출하는 활동에 적은 자원을 투입하거나, 낮은 가치만 창출하는 활동에 많은 자원을 투입하는 것이 바로 가치 활동의 불균형입니다. ERRC 분석을 활용해 각 가치 활동의 필요성과 수행도를 본질적인 관점에서 재검토하기 바랍니다. 제한된 자원을 효율적으로 활용할 수 있는 가치 활동의 무게중심을 찾을 것입니다.

09
불법적 비즈니스의
합법화

숀 패닝Shawn Fanning이라는 이름을 들어보셨습니까? 대학생이던 1999년에 온라인 음원 공유 사이트인 냅스터를 개발한 미국의 프로그래머입니다. 패닝은 인터넷이 발명된 이후에 가장 큰 영향을 끼친 인물이라는 평을 듣기도 합니다. 소리를 디지털화하는 MP3 기술이 발명되자 P2P 방식의 냅스터를 열어 미국 음악 팬의 열광적인 호응을 얻었습니다. 하지만 미국음반산업협회가 저작권을 침해하는 불법적 서비스라고 소송을 제기해 냅스터는 결국 2001년에 폐쇄됩니다.

그런데 사람들이 음악 파일을 인터넷으로 공유한 진짜 이유는 공짜로 음악을 들으려던 것이 아니었습니다. MP3를

그래피티로 그려진 냅스터 로고

이용하면 음악을 찾고 받고 듣기가 편했기 때문입니다. 미국음반산업협회는 이러한 고객의 진짜 니즈를 활용하지 못하고 오히려 억압했습니다. 그러자 이 상황을 지켜보던 스티브 잡스가 2001년에 판매가 1달러, 수수료 30퍼센트, 불법 복제와 유통을 방지한 아이팟-아이튠즈 비즈니스를 개발했습니다. 이와 같이 음악 팬은 물론 저작권자와 뮤지션의 이해를 충족시키는 비즈니스모델로 애플은 글로벌 1위 기업으로 성장하는 초석을 쌓게 됩니다.

역사적으로 보면, 이와 같이 불법적인 일에서 문제를 제거해 합법화하고, 금지된 일에서 관점을 바꾸어 허용하는 과정을 통해 새로운 제품과 서비스를 개발한 경우가 적지 않습니다. 그렇다면 나쁜 짓을 옳은 일로 바꾸는 기회는 어떻게 찾을 수 있을까요?

첫 번째는 엉뚱한 용도로 쓰는 고객을 보는 것입니다. 중국의 농부들이 세탁기로 고구마나 양파를 세척해 모터에 과부하가 걸리고, 필터가 막혀 고장이 나는 일이 많았습니다. 품질보증 기한 이전이라 하더라도 소비자의 부주의와 용도 외 사용으로 인한 고장이기 때문에 수리 비용에 대한 갈등이 생겼습니다. 다른 가전 회사는 농작물을 씻지 말라는 스티커를 부착하고 구매자를 교육해 이 문제를 해결하려고 했습니다. 반면에 하이얼은 1998년에 모터와 필터를 보강해 아예 농작물을 세척하는 세탁기를 출시했습니다. 이름하여 '고구마 세탁기'인데, 간편하게 농작물을 씻으려는 농부들에게 인기를 끌었습니다.

두 번째는 마음대로 바꾸어 노는 고객을 보는 것입니다. 덴마크의

레고의 조립 로봇 '마인드스톰 NXT'

레고Lego는 1998년에 마인드스톰Mindstorm을 출시했습니다. 고객층을 디지털 세대와 성인으로 확장하기 위해 장난감 블록에 기계와 전자 기술을 접목한 움직이는 조립 로봇입니다. 그런데 일부 마니아가 로봇의 내장 소프트웨어를 해킹해 다른 모양으로 움직이게 하는 일이 발생했습니다. 그러자 레고는 처음에 소송을 제기했다가 이내 이 사건의 의미를 깨닫고 소송을 취하했습니다. 그 대신 소프트웨어를 인터넷에 업로드해 오히려 사용자가 쉽게 바꾸어 놓을 수 있도록 했습니다. 2005년부터는 고객 스스로 제품을 설계해 주문하고 상품화도 할 수 있는 '레고 디자인드바이미Lego Designed by Me'와 '레고 쿠수Lego Cuusoo' 서비스 등으로 발전시켰습니다.

세 번째는 금지된 장난을 하는 고객을 보는 것입니다. 전통적으로 사진 촬영을 금지하던 많은 미술관이나 박물관이 최근 사진 촬영을 허용하고 있습니다. 덴마크 국립미술관은 2014년에 '촬영 금지' 푯말을 모두 제거했습니다. 왕가가 살았던 성을 박물관으로 보존한 포르투갈의 페나성은 2016년부터 사진 촬영과 공유를 권장해 밀레니얼 세대로부터 인기를 끌고 있습니다. 조금 더 재미있는 사례는 중국 쓰촨성의 수난주하이蜀南竹海입니다. 영화 〈와호장룡〉의 촬영지로도 유명한 축구장 3만 개 넓이의 대나무 숲입니다. 관광객이 이름 등을 새기는 행동으로 대나무가 훼손되자, 수난주하이는 아예 글자를 새길 수 있는 지역을 지정해 훼손 면적을 줄이면서 고객 만족을 제고합니다. 더 나아가 전문가가 멋지게 새겨주는 서비스까지 제공한다면 수익을 창출할 수도 있을 것입니다.

네 번째는 논란이 많은 새로운 트렌드를 보는 것입니다. 일례로 공유경제는 중국이 2016년을 발전의 원년으로 선포할 정도로 거대한 트렌드 중 하나입니다. 하지만 종종 품질, 안전, 보상, 세금 및 시장 잠식의 문제를 유발해 기존 법규와의 충돌이나 기존 기업과의 마찰이 발생합니다. 대표적인 것이 2009년에 설립된 우버입니다. 스마트폰 앱을 이용한 자가용 중개 서비스를 개발해 2018년에 스타트업 중 시가총액으로 글로벌 1위를 차지했습니다. 그러나 탈세와 불법을 조장한다는 비판과 함께 세계 곳곳에서 택시업계와 지자체의 반대에 부딪히고 있습니다. 미국, 일본 등에서는 영업이 허용되지만 프랑스, 독일 등에서는 허용되지 않습니다. 우리나라에서는 자가용의 영업 행위를 금지하는 여객자동차운수사업법 위반으로 고발되자, 2015년에 서비스를 중

비즈니스모델 4.0

단했습니다. 우버가 운전기사의 자질과 교통사고의 보상을 책임지고, 운전기사를 공정하게 처우하면서 과세할 수 있는 시스템을 구축할 수는 없을까요? 이러한 점에서 많은 공유경제형 사업에는 논란을 종식시킬 새로운 비즈니스모델의 기회가 남아 있습니다.

나쁜 짓을 옳은 일로 바꿔라

아인슈타인Albert Einstein은 "문제풀이에 1시간이 주어진다면 55분 동안 문제를 생각하고 5분 동안 해법을 생각하겠다"라고 했습니다. 문제를 어떻게 해결할 것인가가 아니라 진짜 문제가 무엇인지를 살펴보는 것이 중요하다는 말입니다. 고구마를 세척하고, 로봇을 변형시키고, 사진을 촬영하고, 타인과 공유하는 것이 사실 절도나 폭력처럼 본질적으로 나쁜 짓은 아닙니다. 불법이거나 금지된 일을 많은 사람이 하려 한다면 먼저 그것이 본질적으로 나쁜 짓인지를 살펴보십시오. 그리고 문제를 제거해 합법화하고, 관점을 바꾸어 허용할 수 있는 방안을 탐색해보기 바랍니다. 애플이 그랬던 것처럼 이해관계자의 고충을 해소하고, 욕구를 충족하면서 수익을 창출할 기회를 그곳에서 발견할 수도 있습니다.

10
비즈니스의
네트워크 효과

글로벌 시가총액 상위 7개의 기업을 아십니까? 2018년 초를 기준으로 애플, 구글, 마이크로소프트, 아마존, 텐센트, 페이스북, 알리바바입니다. 그러면 설립 10년 미만에 기업 가치가 100억 달러를 넘어선 비상장 스타트업인 데카콘^{Decacon} 상위 5개의 기업을 아십니까? 우버, 디디추싱, 샤오미, 메이투안, 에어비앤비입니다. 글로벌 기업과 스타트업, 간극이 클 것 같은 이들 사이에 공통점이 하나 있습니다. 바로 여러 이용자가 편리하게 상호작용할 수 있는 플랫폼을 기반으로 한 비즈니스라는 것입니다.

그런데 플랫폼에서 이용자가 얻는 가치는 그 네트워크에 연결되어 있는 다른 이용자의 수에 영향을 받습니다. 즉 공급 측면에서 '규모의 경제'를 창출하는 전통적 비즈니스와는 달리 수요 측면에서 '규모의 경제'가 촉발되는 것입니다. 이것이 바로 네트워크 효과^{Network}

Effect입니다. 그렇다면 네트워크 효과는 어떻게 창출할 수 있을까요?

네트워크 효과 및 닭과 달걀의 문제

　네트워크 효과는 크게 동일 측면의 네트워크 효과와 교차 측면의 네트워크 효과로 구분할 수 있습니다. 동일 측면의 네트워크 효과는 다른 사람의 초대를 받아 소셜 미디어에 가입하거나, 다른 사람과 협업하기 위해 같은 워드프로세서를 사용하는 것을 의미합니다. 교차 측면의 네트워크 효과는 마켓플레이스에서 판매자가 증가하면 구매자가 증가하고, 구매자가 증가하면 판매자가 증가하는 것을 의미합니다. '저원가→저가격→고객 만족→방문 증가→공급 증가→제품 증가'로 순환되는 아마존의 '베조스 냅킨 다이어그램Bezos Napkin Diagram'이 대

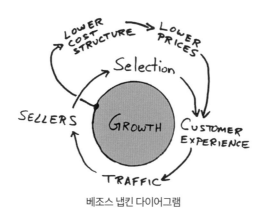

베조스 냅킨 다이어그램

표적인 사례입니다. 이 네트워크 효과는 신규 고객을 유인하는 동시에 기존 고객을 유지하는 강력한 힘을 발휘하기 때문에 승자 독식 시장 winner-take-all market을 만드는 핵심적 요인이 됩니다.

그런데 비즈니스의 시작 시점을 보면 '판매자도 몇 없는데 어떤 구매자가 가입하고, 구매자도 몇 없는데 어떤 판매자가 가입할 것인 가'라는 문제가 있습니다. 즉 판매자와 구매자 모두 최소한의 임계량 을 확보하지 못하면 이 네트워크 효과가 작동되지 않는 것입니다. 이 것은 '닭이 먼저냐, 달걀이 먼저냐'와 같은 문제입니다. '어떤 조건이 충족되지 않아 원하는 결과에 도달하지 못하는데, 그 조건을 충족하려 면 원하는 결과에 도달해야 하는 상황'인 것입니다. 그렇다면 네트워 크 효과의 장애물인 '닭과 달걀의 문제'는 어떻게 극복할 수 있을까요?

첫 번째는 최소한의 공급자와 이용자를 확보한 후에 추진하는 것 입니다. 1950년에 설립된 미국의 다이너스클럽Diners Club은 세계 최 초의 신용카드 회사입니다. 친구와 저녁 식사를 한 후 현금이 부족해 곤란을 겪었던 창업자가 뉴욕 맨해튼의 레스토랑 14개와 부자 고객 200명을 모집해 서비스를 개시한 이후 네트워크 효과를 바탕으로 더 많은 레스토랑과 이용자를 확보했습니다.

두 번째는 기업이 초기에 스스로 공급자나 이용자의 역할을 수행 하는 것입니다. 유튜브는 네트워크 효과가 충분히 발생하기 전까지 직 접 영상을 촬영해 올리거나, 올라온 영상에 직접 댓글을 달았습니다. 에어비앤비는 인기를 끌 만한 호스트의 집을 방문해 직접 멋진 사진을 찍어 업로드하며 게스트를 유인했습니다.

세 번째는 네트워크 효과가 큰 핵심 고객을 먼저 확보하는 것입니다. 실무적으로는 가장 기본적인 방법이라고 할 수 있습니다. 2012년 미국에서 웹툰 사업을 시작한 타파스Tapas는 1년간 수백 명의 작가를 만나 20명을 섭외한 후에 서비스를 오픈합니다. 이것을 보려는 이용자가 가입해 네트워크 효과가 창출되면서 2017년에는 2만 7,000명의 작가와 200만 명의 회원을 확보합니다. 미국의 우버와 중국의 디디추싱이 보조금을 지급해 운전기사를 확보하고, 구글이 500만 달러의 상금을 걸고 구글플레이 앱 개발자를 유인한 것도 모두 핵심 고객을 확보하기 위한 노력의 일환이었습니다.

부정적 네트워크 효과의 방지

그런데 일차적으로 '닭과 달걀의 문제'를 극복해 어느 정도 판매자와 구매자를 확보한 후에는 부정적 네트워크 효과가 발생하기도 합니다. 판매자와 구매자가 정보를 비대칭적으로 가진 상황에서 거래가 지속되면 우량품은 없어지고 불량품만 남아도는 이른바 '레몬 시장Lemon Market' 상황이 되어 고객이 이탈하는 것입니다.

따라서 많은 사람이 상호작용하는 플랫폼이 지속적으로 성장하기 위해서는 적절한 품질관리와 운영 규칙이 필요합니다. 이를 위해 앱스토어는 사전에 시험과 승인을 거친 앱만 업로드를 허용하고, 유튜브는 사후에 인공지능 분석이나 이용자의 신고를 토대로 선정적이거나 폭력적인 콘텐츠를 차단합니다. 아마존이나 이베이^{eBay}가 제품과 판매자에 대한 평점이나 리뷰를 제공하는 것도 모두 부정적 네트워크 효과를 방지하기 위해서입니다.

네트워크 효과를 창출하라

제4차 산업혁명의 기반 기술이라고 하는 ICBM, 즉 'IoT, Cloud, Big Data, Mobile'로 인해 네트워크 효과의 영향력은 더욱 강화될 것으로 전망됩니다. 플랫폼 형태의 비즈니스모델은 임계점을 돌파해 네트워크 효과를 유발할 정도로 성장하느냐가 성패의 관건입니다. '닭과 달걀의 문제'를 극복해 네트워크 효과를 창출하고, 정교한 품질관리와 운영 규칙을 통해 부정적 네트워크 효과를 방지해보십시오. 글로벌 7대 기업이나 데카콘 5대 기업처럼 폭발적으로 성장할 기회를 맞이할 수도 있습니다.

11

창조적 모방을 위한
벤치마킹

중국의 텐센트가 2017년 11월에 시가총액 5,000억 달러를 넘어서며 페이스북을 제치고 글로벌 5위에 올랐습니다. 주가를 기준으로 하는 순위이므로 등락이 있기도 하지만, 알리바바와 함께 명실상부하게 중국 기업을 대표하고 있습니다. 그런데 사실 텐센트는 1998년 설립될 때부터 해외 선발 기업을 모방한 것으로 유명합니다. 이스라엘의 메신저인 ICQ와 유

중국 선전에 위치한 텐센트 본사

사한 QQ를 출시한 후 싸이월드의 아바타, 미니홈피, 도토리와 유사한 서비스를 가미한 것이 대표적입니다. 이에 대한 비판이 일자 설립자인 마화텅馬化騰은 "다른 기업이 고양이를 보고 고양이를 그릴 때 우리는 고양이를 보고 사자를 그렸다"고 말했습니다. 단순히 모방한 것에 그치지 않고 창조적으로 발전시켰다는 뜻입니다.

사실 새로운 비즈니스의 아이디어를 얻는 가장 간편한 방법은 모방하는 것입니다. 좋은 말로는 벤치마킹benchmarking이라고 합니다. 우리나라의 많은 대기업이 지금의 성공을 이룬 것은 벤치마킹에 입각한 빠른 추격자fast follower 전략이 주효했던 것도 사실입니다. 그러나 벤치마킹을 통해 경쟁에서 이기려면 단순한 모방이 아니라 창조적 모방이 필요합니다. 그렇다면 창조적 모방은 어떻게 할 수 있을까요?

우선, 벤치마킹의 대상이 될 만한 혁신적 기업이나 창의적 사업은 어디에서 찾을 수 있는지 살펴보겠습니다. 사실 이러한 정보는 인터넷에 차고 넘칩니다. 그러다 보니 오히려 정보의 홍수에 빠지기도 합니다. 조금 정리된 자료원을 활용하면 좋을 것입니다. 혁신적 기업에 대해서는 매년 '올해의 가장 혁신적인 50개 기업'을 선정하는 패스트컴퍼니www.fastcompany.com가, 창의적 사업에 대해서는 매일 3개의 비즈니스 사례를 소개하는 스프링와이즈www.springwise.com가 유용합니다. 물론 스타트업 사업이라면 킥스타터www.kickstarter.com 등의 크라우드 펀딩 사이트가 유용한 자료원입니다. 이 외에 다양한 자료원을 통해 동同업종뿐만 아니라 이異업종의 멋진 사례와 동향에 관심을 기울이는 것이 벤치마킹의 첫걸음입니다.

그런데 벤치마킹은 사실 대상이 없어서가 아니라 방법을 몰라서 하지 못하는 경우가 더 많습니다. 특히 이업종 벤치마킹의 경우가 그렇습니다. 이업종에서 멋지게 벤치마킹한 4개의 성공 사례를 통해 노하우를 얻어보겠습니다.

첫 번째는 1964년에 설립된 미국의 넷제츠^{NetJets}입니다. 처음에는 전세기를 판매하던 회사였는데, 경기가 침체되면 유류비와 유지비의 부담 때문에 판매가 급감하곤 했습니다. 이처럼 들쭉날쭉한 수익으로 안정적인 운영이 어려워지자 넷제츠는 돌파구를 찾기 위해 고심합니다. 그러다 콘도 회원권 분양에서 아이디어를 얻게 되었고, '비행기의 공동 소유'라는 새로운 비즈니스모델을 만듭니다. 예컨대 16명이 비행기 한 대를 16분의 1 가격으로 공동 구매해서 1년에 각자 50시간씩 탑승할 수 있는 권리를 가지는 식입니다. 이를 통해 넷제츠는 퍼스트클래스와 법인 전용기의 장점을 결합할 수 있었고, 단순히 비행기 판매 회사가 아니라 글로벌 비즈니스 항공사로 성장합니다.

두 번째는 2010년에 설립된 중국의 샤오미입니다. 2011년에 휴대폰을 출시한 후, 2014년 3분기에는 스마트폰 시장에서 5.3퍼센트의 점유율로 글로벌 3위에 오르면서 삼성전자와 애플을 위협했습니다. 그런데 샤오미는 벤치마킹의 복합체라고 할 정도로 가치사슬의 주요 단계마다 여러 기업의 우수 사례를 차용했습니다. 예컨대 애플의 단일 모델과 앱스토어, 구글의 OS 플랫폼, 델의 선주문과 위탁 생산, 아마존의 전자상거래와 물류 시스템, 그루폰Groupon의 공동 구매와 소셜 미디어 마케팅, P&G의 개방형 혁신 등입니다. 샤오미는 여기에다 소프트웨어를 매주 업데이트하는 차별화 요소를 가미했습니다. 이를 통해 샤오미는 품질은 비슷하지만 가격은 50퍼센트 이하인 '값싼 프리미엄 스마트폰'이라는 비즈니스모델을 구현한 것입니다.

세 번째는 벤치마킹 자체가 비즈니스모델인 로켓인터넷Rocket Internet입니다. 2007년에 설립된 독일의 로켓인터넷은 선진국 벤처기업이 개발한 새로운 비즈니스를 다른 국가에서 현지화하는 벤처 인큐베이터입니다. 벤처기업이 시작부터 글로벌 사업을 전개할 수 없다는 약점을 이용하고, 자사의 정보와 투자 및 컨설팅 역량을 활용하는 것입니다. 글로벌 진출을 모색하는 성공한 벤처기업에 베낀 사업을 매각하는 것이 주요 수익 모델이라는 점도 재미있습니다. 일례로 독일의 온라인 경매 사이트 '알란도'를 이베이에 매각하고, 독일의 소셜커머스 '시티딜'을 그루폰에 매각한 것이 대표적입니다.

가장 인상적인 사례는 1976년에 설립된 인도의 아라빈드 안과병원입니다. 설립자인 고빈다파 벤카타스와미Govindappa Venkataswamy는 대량생산 시스템을 적용한 맥도날드를 벤치마킹해 안과병원의 상담, 검사, 진료 및 수술 프로세스를 신속하고 저렴하고 균일하도록 혁신했습니다. 아라빈드는 2011년에 인도 안과의사의 1퍼센트를 고용하고도 전체 안과수술의 5퍼센트인 25만 명을 치료하며 세계 최대의 안과 체인으로 성장합니다.

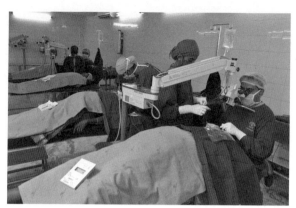
아라빈드 안과병원의 수술 장면

우리나라의 많은 기업이 혁신 기업을 벤치마킹하기 위해 실리콘밸리를 방문하곤 합니다. 혁신 기업의 대명사인 구글은 대학원 캠퍼스 같은 사무실에서 근무하며, 24시간 운영하는 식당에는 미끄럼을 타고 내려오기도 합니다. 20퍼센트 룰에 따라 근무 시간의 20퍼센트는 자율적으로 자기 계발과 미래 구상에 활용합니다.

구글을 견학한 많은 사람이 "정말 자율적이고 혁신적인 기업"이라고 감탄을 금치 못합니다만, 돌아와서는 대부분 "우리 회사에는 맞지 않네"라고 말합니다. 세계에서 가장 혁신적인 기업의 하나인 구글에서도 배울 수 없다면, 도대체 어디에서 벤치마킹할 수 있을까요? 그런데 아라빈드는 어떻게 컨베이어 벨트와 같은 대량생산 시스템을 벤치마킹해 혁신을 이룬 것일까요?

성공적인 벤치마킹의 첫 단계는 자기 회사의 목표를 명확히 하는 것입니다. 아라빈드가 '가난해서 수술을 못 해 실명하는 사람을 위한 안과수술'을 목표로 한 것처럼 말입니다. 두 번째는 문제를 일반화하는 것입니다. 아라빈드가 '싸고 빠르고 많이 좋게' 수술하고 싶다고 한 것처럼 말입니다. 세 번째는 벤치마킹할 만한 기업을 우선 동업종에서 찾고, 없다면 이업종으로 확장하는 것입니다. 아라빈드가 선진 의료기관에서 사례를 찾을 수 없자 맥도날드를 참조한 것처럼 말입니다. 네 번째는 자사에의 응용과 조합입니다. 아라빈드가 대량생산 시스템의 3대 핵심 요소인 단순화, 표준화, 전문화를 의료 시스템에 반영한 것처럼 말입니다. 아라빈드는 이와 같이 진료하는 질병을 단순화하고, 모든 의료 및 행정 절차를 표준화하며, 의사는 핵심적인 진료만 담당하면서 보조 요원과의 역할을 분담하는 전문화를 통해 저비용 의료라는 새로운 비즈니스모델을 창조한 것입니다.

베끼지 말고 훔쳐라

피카소Pablo Picasso가 "좋은 예술가는 베끼고, 위대한 예술가는 훔친다"라는 말을 남겼습니다. 베끼면 더 좋은 원본이 남아 있지만, 훔치면 내 것이 제일 좋은 원본이 됩니다. 즉 원래의 것보다 더 멋진 것을 만드는 창조적 모방을 의미하는 말입니다. 스티브 잡스가 여러 번 인용했을 뿐만 아니라 실제로 애플의 많은 사업이 이런 방식이었습니다. 모방을 통해 새로운 비즈니스의 아이디어를 얻고, 거기에 창조를 더해 그보다 더 큰 성공을 이루기 바랍니다.

비즈니스모델 4.0

12
아이디어와
비즈니스가 흐르는 기업

환경의 변화와 경쟁의 강도가 심화될수록 새로운 비즈니스를 위한 아이디어가 더욱 필요합니다. 보통 전략기획실 같은 주무부서에서 일정한 시점에 전문적인 분석 과정을 거쳐 개발하거나, 내부 직원을 대상으로 공모 이벤트를 개최하는 것이 일반적입니다. 그런데 이런 분석적·내부적·일회성 접근은 아이디어의 양과 질에서 많은 한계를 가지고 있습니다. 그렇다면 좀 더 효율적이고 효과적으로 비즈니스에 대한 아이디어를 개발하는 방법은 없을까요? 창의적 토의, 개방형 혁신, 그리고 지속적 시스템이 그 대안이 될 수 있습니다.

분석적 접근의 대안인 창의적 토의는 브레인스토밍과 같은 그룹 토의를 통해 아이디어를 개발하는 것입니다. 사실 브레인스토밍은 대부분의 회사가 시행하고 있지만 실제로는 좋은 결과를 얻지 못하는 경우가 많습니다. 그 이유를 보면 대개 다다익선, 비판 금지, 자유분방,

라이너스 폴링

결합 개선이라는 브레인스토밍의 원칙을 잘 지키지 않기 때문입니다.

노벨 화학상과 평화상을 수상한 라이너스 폴링Linus Pauling은 "좋은 아이디어를 얻는 가장 좋은 방법은 많은 아이디어를 얻은 후에 나쁜 아이디어를 버리면 된다"라고 했습니다. 다다익선을 의미하는 것입니다. 애니메이션으로 유명한 픽사는 토의를 할 때 "예, 그러나Yes, but"는 안 되고 "예, 그리고Yes, and"만 된다는 픽사 원칙Pixar's Principle을 적용합니다. 이것은 비판 금지와 결합 개선을 의미합니다. 또한 구글 맵, 구글 글래스 등을 개발한 '구글X' 프로그램에서는 "10퍼센트 개선이 아니라 10배 향상을 목표로 하므로 황당한 아이디어일수록 환영받는다"고 합니다. 즉 자유분방을 의미하는 것입니다.

그런데 이런 원칙을 지킨다고 해도 사전 교육이나 전문 지식이 부족한 경우에는 분임 토의의 결과가 만족스럽지 못한 경우가 적지 않습니다. 이럴 때는 토의 그룹별로 아이디어에 제약 조건을 주는 방아쇠질문trigger question 방식을 적용하면 좋습니다. 예컨대 비즈니스모델 캔버스를 구성하는 요소별로 '비고객을 고객으로 만드는 방법' 또는 '공짜로 주고 수익을 창출하는 방법' 등과 같이 특정한 주제와 방안만을 토의하도록 하는 것입니다.

내부적 개발의 대안인 개방형 혁신은 외부의 전문가나 소비자로부터 지식과 기술을 받아들여 아이디어를 개발하는 것입니다. 이를 위해 많은 기업이 홈페이지에 고객 제안 방을 개설하거나 외부인이 참여하는 경진대회를 개최합니다만, 그저 홍보 행사에 그치는 경우가 많습니다. 네트워크 장비 분야의 글로벌 선도 기업인 시스코의 사례에서 교훈을 얻어보겠습니다.

　　시스코는 '아이프라이즈I-Prize' 등의 다양한 아이디어 경진대회를 개최해 개방형 혁신을 추구하는 것으로 유명합니다. 2007년 2,500명이 참가한 제1회 대회에서는 '스마트 그리드 사업'이, 2010년 3,000명이 참가한 제2회 대회에서는 '가상현실과 실제 현실과의 연결 사업'이 우승했습니다. 그런데 글로벌 회사인 시스코가 이 사업을 실제로 사업화했습니다. 어떻게 이것이 가능했을까요?

　　시스코는 인터넷에 누구나 자유롭게 아이디어를 등록하고 토의할 수 있는 사이트를 개설했습니다. 시스코의 문제점을 제대로 파악했는지, 시스코의 강점을 활용했는지, 충분한 시장이 있는지, 시기적으로 적절한지, 장기적으로 우위를 유지할 수 있는지 등의 기준으로 먼저 40개의 아이디어를 골랐습니다. 그리고 내부 전문가를 멘토로 붙여 아이디어를 발전시킬 수 있도록 지원했습니다. 이렇게 해서 다시 걸러낸 10개의 아이디어를 시스코 임원과 외부 전문가가 평가해 우승자를 결정했기 때문에 그 일이 가능했던 것입니다.

　　일회성 이벤트의 대안인 지속적 시스템은 조직 구성원의 창의적인 아이디어를 상시적으로 도출-평가-선정-추진하는 기반을 구축하는 것입니다. 이를 위해 많은 기업이 제안 제도를 운영하고 있지만, 비즈니스에 대한 활발한 제안이 이루어지는 경우는 많지 않습니다. 이것을 멋지게 진행하고 있는 두 회사의 사례를 살펴보겠습니다.

먼저, 다국적 에너지 회사인 쉘Shell은 1996년부터 전 세계 직원이 온라인으로 아이디어를 제출할 수 있는 게임체인저Game Changer를 운영하고 있습니다. 예비평가를 통과한 아이디어 제출자와는 직접 미팅을 합니다. 미팅을 통해 선정된 아이디어는 검증할 수 있도록 2만 5,000달러와 1개월의 휴가를 지원한 후에 다시 미팅을 합니다. 이와 같이 자금, 시간, 인력의 지원 여부를 결정하는 반복적 과정을 거쳐 최종적으로 기각 또는 채택의 결론을 도출하는 것입니다. 쉘이 추진하는 다양한 신재생 에너지 사업은 이 게임체인저 프로그램을 통해 아이디어를 얻은 것이 많습니다.

또한, 미국의 소프트웨어 회사인 라이트솔루션즈Rite Solutions는 웹 기반의 뮤추얼펀Mutual Fun이라는 아이디어 주식시장을 운영하고 있습니다. 아이디어가 있는 직원은 기획안을 작성해 동료를 모집하고, 주당 10달러의 주식을 발행해 자금을 유치합니다. 모든 직원은 1만 달러의 가상 화폐를 받아 유망한 아이디어에 투자합니다. 제안자와 투자자는 토론을 통해 아이디어를 발전시키면서 더 많은 투자를 유치하고, 그럴수록 주가가 상승하게 됩니다. 일정한 주기별로 주가가 높은 아이디어는 공식적으로 검토해 실행 여부를 결정합니다. 채택된 아이디어의 제안자와 투자자에게는 지분에 따라 보상을 합니다. 라이트솔루션즈는 이 뮤추얼펀 프로그램을 도입한 첫해에만 44개의 아이디어로 매출의 50퍼센트를 차지하는 여러 소프트웨어를 개발했습니다.

아이디어와 비즈니스를 흐르게 하라

사업의 수명 주기가 단축되는 상황에서 기업이 생존하고 성장하기 위해서는 지속적으로 신사업을 개발하지 않을 수 없습니다. 새로운 사업의 아이디어는 꼭 분석적·내부적·일회성 이벤트가 아니라 창의적·개방형·지속적 시스템을 통해 개발할 수 있습니다. 더 나아가 고어의 10퍼센트 룰, 3M의 15퍼센트 룰, 구글의 20퍼센트 룰처럼 조직 구성원이 항상 자기 계발과 미래 구상에 시간을 할애하는 조직 문화적 기반까지 구축한다면 어떨까요? 무궁무진한 아이디어와 비즈니스가 항상 샘솟아 흐르는 기업이 될 수 있을 것입니다.

2010년대를 대표하는 비즈니스모델 :배달의민족

2011년에 설립된 '우아한형제들'이 운영하는 배달의민족은 소비자의 위치에 따라 인근의 배달이 가능한 식당에 대한 정보와 함께 주문, 배달, 결제 서비스를 제공하는 모바일 앱입니다. 2010년 이후에 창업한 우리나라 스타트업 가운데 카카오톡을 제외하면 가장 성공한 사례로 꼽습니다.

처음에는 주문을 중개하고 음식 값의 6퍼센트 정도를 수수료로 받는 방식이었습니다. 그러다 2015년에 "식당은 어려워지는데 회사만 돈을 번다"는 비판이 일자, 중개수수료를 없애는 대신 회비를 받고 검색 광고를 제공하는 방식으로 비즈니스모델을 변경했습니다. 이로 인해 매출은 급락했고, 결국 그해에는 상당한 적자가 납니다.

그런데 '착한 배민'이란 인식이 확산되면서 이용자가 폭발적으로 증가하는 반전이 일어났습니다. 2016년에 주문 1억 5,000만 건, 거래 3조 원, 매출 849억 원의 흑자를 내고, 2017년에 20만 개의 회원 식당 중에서 5만 개가 유료 회원이 되면서 55.7퍼센트의 시장점유율을 기록했습니다.

배달의민족은 2014년부터 골드만삭스, 네이버, 싱가포르투자청 등으로부터 총 5,000억 원 이상의 투자를 받으면서 2019년 초에는 기업 가치가 3조 원에 이르는 것으로 평가되고 있습니다. 이러한 자금을 바탕으로 외식을 배달하는 배민라이더스, 식료품을 정기 배송하는 배민프레시, 식자재를 공급하는 배민상회 등으로 사업을 확장하고 있습니다.

2018년에는 자율주행 배달 로봇인 딜리Dilly를 개발해 시험 운행하면서 플랫폼으로의 확장을 모색하고 있습니다. 김봉진 대표는 2019년 초까지 사회복지공동모금회에 71억 원을 기부하고, 배민아카데미를 통해 외식업에 종사하는 자영업자를 지원하는 등 사회공동체와의 공생도 추구하고 있습니다. 배달의민족이 이러한 창업 정신을 확대재생산하며 해외에서도 성과를 거두는 우리나라의 대표적 스타트업으로 도약하기를 응원합니다.

5장

비즈니스모델을
평가하고 실행하라

벤처캐피털은 기술에 투자할 때 실패하고
비즈니스모델에 투자할 때 성공했다.
– 밥 히긴스Bob Higgins, 하이랜드캐피털 설립자

01
비즈니스모델의
재무적 평가

　새로운 사업을 위한 여러 아이디어 중에서 후보 사업을 선정하는 예비평가에 대해서는 앞 장에서 다룬 바 있습니다. 예비평가를 통해 선정한 후보 사업의 비즈니스모델을 구체적으로 설계한 다음에는 다시 평가를 합니다. 이것을 본평가라고 하는데, 사업 타당성을 재무적으로 평가하는 것이 핵심입니다. 즉 소요되는 투자비와 운영비, 기대되는 매출 등을 고려해 이익이 언제, 얼마나 발생할지를 분석하는 것입니다.

　공장의 건립과 같이 사안이 복잡한 경우에는 투자와 영업으로 인한 현금의 유출과 유입을 시간의 흐름에 따라 분석하는 순현재가치법을 주로 활용합니다. 반면에 커피숍의 개점과 같이 사안이 비교적 간단한 경우에는 손익분기점 분석을 주로 활용합니다. 간단한 손익분기점 분석이지만, 이것을 아느냐 모르느냐의 차이는 매우 큽니다.

손익분기점 분석

손익분기점은 수익의 총액과 비용의 총액이 일치해 본전이 되는 점을 의미하며, 영어 'break even point'를 줄여서 통상 BEP라고 합니다. 먼저 그림을 통해 살펴볼까요? 사업을 하다 보면 생산·판매량과 무관하게 일정하게 발생하는 비용, 즉 고정비가 있습니다. 임대료나 감가상각비 같은 것입니다. 이와는 달리 생산·판매량에 따라 비례적으로 발생하는 비용, 즉 변동비가 있습니다. 재료비나 외주가공비 같은 것입니다. 이 고정비와 변동비를 합친 것이 총비용입니다. 그리고 생산·판매량에 판매 단가를 곱한 것이 매출액입니다. 생산·판매량이 증가하다 보면 매출액과 총비용이 만나게 됩니다. 바로 이때의 매출

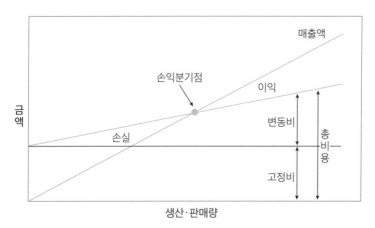

▌ [그림 5-1] 손익분기점 ▌

비즈니스모델 4.0

액 또는 생산·판매량이 손익분기점입니다. 따라서 손익분기점 이하에서는 손실이 발생하고, 손익분기점 이상에서는 이익이 발생하는 것입니다.

손익분기점의 매출액을 구하는 'BEP 매출액 = 고정비 / (1-변동비율)'입니다. 즉 고정비를 '1-변동비율'로 나누는 것인데, 여기에서 변동비율은 판매 단가에서 단위 변동비가 차지하는 비율을 의미합니다. 그렇게 어려운 개념은 아니기 때문에 경영을 공부했거나 사업을 하는 사람이라면 한두 번 해본 적이 있을 것입니다. 그러나 막상 계산을 해보면 생각만큼 쉽지 않습니다. 커피숍의 사례를 통해 교훈을 얻어보겠습니다.

- **기초 정보**
  1) 커피숍을 개점하기 위해 점포를 임차했다.
  2) 권리금으로 6,000만 원을 주었고, 나중에 그 정도는 받을 수 있을 것으로 예상된다.
  3) 임차 기간은 2년 한정이며, 임차보증금이 3,600만 원, 월 임차료는 100만 원이다.
  4) 창업비로 400만 원, 시설·인테리어비로 2,000만 원이 들었고, 잔존 가치는 없다.
  5) 직원은 1명으로 월 200만 원, 수도·전기·광열비로 월 60만 원의 지출이 예상된다.
  6) 커피 가격 5,000원에서 원재료가 750원, 부재료가 250원을 차지한다.
  7) 창업 자금은 전부 연리 10%로 대출했다.

- **기초 운전자금과 기말 불용재고가 없다고 가정하면 손익분기점이 되는 월 매출액은 얼마인가?**

<표 5-1> 커피숍의 손익분기점 문제

커피숍의 손익분기점 사례

먼저 〈표 5-1〉의 문제를 풀어보시기 바랍니다. 이 커피숍에서 손익분기점이 되는 월 매출액은 얼마일까요? 실제로 계산을 해본 후에 해답과 맞추어보면 좋을 것입니다. 이 커피숍의 손익분기점 매출액은 월 700만 원입니다. 정답입니까? 비슷합니까? 아니면 크게 다릅니까?

〈표 5-2〉를 통해 풀이 과정을 살펴보겠습니다. 이 문제에서 변동비는 원재료와 부재료를 합한 1,000원이므로 변동비율, 즉 판매 단

- **변동비율** .... (750+250)/5,000 = 0.2
- **창업 자금** .... 1억 2,000만 원
  1) 권리금: 6,000만 원
  2) 임차보증금: 3,600만 원
  3) 창업비: 400만 원
  4) 시설·인테리어비: 2,000만 원
- **월 고정비** .... 560만 원
  1) 지급이자: 100만 원
  2) 임차료: 100만 원
  3) 인건비 200만 원
  4) 수도·전기·광열비: 60만 원
  5) 감가상각비: 100만 원
- **월 손익분기점 = 560만 원/(1-0.2)** .... 700만 원
- **추가 사항: 기초 운전자금, 기말 불용재고, 기회비용**

‖ <표 5-2> 커피숍의 손익분기점 해답 ‖

가에서 단위 변동비가 차지하는 비율은 0.2가 됩니다. 따라서 손익분기점 계산식의 분모는 '1−0.2'인 0.8이 됩니다. 고정비에는 지급이자, 임차료, 인건비, 수도·전기·광열비와 감가상각비가 있습니다. 따라서 월 고정비의 합계인 560만 원을 0.8로 나눈 700만 원이 손익분기점입니다.

실수를 많이 하는 부분이 개점에 필요한 창업 자금, 즉 권리금, 임차보증금, 창업비와 시설·인테리어비를 합친 1억 2,000만 원을 연리 10퍼센트로 대출했으니 월 100만 원의 지급이자가 고정적으로 발생한다는 것, 그리고 창업 자금 중에서 창업비와 시설·인테리어비를 합친 2,400만 원은 회수가 되지 않는 투자 비용이므로 24개월로 나눈 월 100만 원의 감가상각비가 고정적으로 발생한다는 것입니다. 계산한 금액이 정답과 차이가 크다면 대부분 비용을 월 단위로 환산하지 않은 실수일 것입니다. 어쨌거나 이 커피숍은 월 700만 원이 손익분기점이기 때문에 커피숍을 개점하려면 월 700만 원 이상의 매출이 가능한지를 가늠해야 합니다.

여기서 만약 창업 자금을 대출받지 않고 자기 자금으로 했다면 손익분기점은 어떻게 될까요? 대출과 예금의 이자율에 따라 달라질 수 있지만, 이자율의 차이를 무시한다면 손익분기점은 동일합니다. 지급이자는 제외되지만 자기 자금의 예금이자를 포기하고 이 사업에 투자하는 것이므로 기회비용이 추가되기 때문입니다. 그런데 사실 이 커피숍의 사례에는 비현실적인 가정이 몇 가지 숨어 있습니다. 개점할 때

커피를 하나도 사놓지 않고, 폐점할 때 재고가 하나도 없다는 것 등이 바로 그것입니다. 이러한 기초 운전자금, 기말 불용재고 등을 정밀하게 반영하면 실제의 손익분기점은 더 높아질 것입니다.

사업 타당성 분석의 한계

이 커피숍의 사업 타당성은 결국 매출이 얼마나 될 것인가에 달려 있습니다. 그런데 잘 아시는 것처럼 아무리 정교한 기법으로 매출을 추정하더라도 미래의 실제 매출과는 차이가 큰 것이 일반적입니다. 혁신적인 제품이나 사업인 경우에는 더더욱 그렇습니다.

1981년에 빌 게이츠^{Bill Gates}는 "저장 용량이 640kb면 누구에게나 충분하다"고 했습니다. 또 1982년에 맥킨지는 "2000년이 되면 세계 휴대폰의 수요가 100만 대에 이를 것이다"라고 했습니다. 따라서 불확실한 매출 추정에 입각한 사업 타당성 분석은 그 한계를 인식하고 활용해야 합니다. 우선, '기존의 비즈니스와는 무엇이 다른가?' 또는 '고객의 삶에 어떠한 의미가 있는가?' 등 비즈니스의 본질적인 가치를 살펴보는 일을 소홀히 해서는 안 될 것입니다. 그런 점에서 소니를 설립한 모리타 아키오^{盛田昭夫}가 "시장은 존재하는 것이 아니라 창조되는 것이다"라고 한 말을 되새겨볼 필요가 있습니다.

비즈니스모델 4.0

본전은 알고 시작하자

사업 타당성 분석은 비즈니스모델을 재무적으로 검증하는 과정입니다. 매출의 추정이 용이하고 비용이 막대한 경우에는 이러한 분석이 매우 중요합니다. 아무리 작고 간단한 사업이라 하더라도 손익분기점 이상을 팔 수 있는지 검토하고, 그 이상을 팔기 위한 방안을 모색하는 것은 필수적인 과정입니다. 최소한 얼마나 팔아야 본전이 되는지는 알고 시작해야 한다는 것입니다.

02
비즈니스모델의
전략적 평가

비즈니스를 재무적으로 평가하는 손익분기점이나 순현재가치법도 일정한 한계를 가지고 있습니다. 그래서 전략적 평가로 이것을 보완하기도 하는데, 비즈니스모델이 성공하기 위한 요건을 평가하는 것이 핵심입니다. 비즈니스모델의 성공 요소에 대해서도 다양한 관점과 기준이 제시되고 있습니다. 필자가 이것을 비즈니스모델의 필수 조건 2가지와 보조 조건 10가지로 체계화한 것이 '비즈니스모델 스코어카드Business Model Scorecard'입니다.

비즈니스모델 스코어카드는 각 요건에 가중치를 부여하는 방식으로 계량화할 수 있습니다. 예를 들면 [그림 5-2]와 같이 필수 조건의 2가지 지표에는 각 30점의 가중치를 부여해 60점 만점으로 평가하고, 보조 조건의 10가지 지표에는 각 4점의 가중치를 부여해 40점 만점으로 평가해 합계 100점 만점으로 평가하는 것입니다. 구체적인 평가는

비즈니스모델 4.0

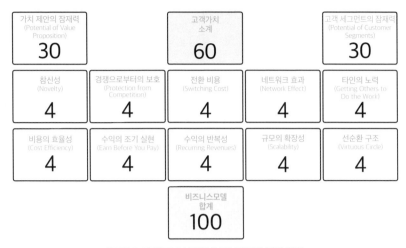

	고객가치 소계 **60**	
가치 제안의 잠재력 (Potential of Value Proposition) **30**		고객 세그먼트의 잠재력 (Potential of Customer Segments) **30**

참신성 (Novelty) **4**	경쟁으로부터의 보호 (Protection from Competition) **4**	전환 비용 (Switching Cost) **4**	네트워크 효과 (Network Effect) **4**	타인의 노력 (Getting Others to Do the Work) **4**
비용의 효율성 (Cost Efficiency) **4**	수익의 조기 실현 (Earn Before You Pay) **4**	수익의 반복성 (Recurring Revenues) **4**	규모의 확장성 (Scalability) **4**	선순환 구조 (Virtuous Circle) **4**

비즈니스모델
합계
100

‖ [그림 5-2] 비즈니스모델 스코어카드의 평가 배점 ‖

[그림 5-3]에서 제시한 것을 참고하면 좋습니다. 하지만 비즈니스모델 스코어카드는 주관적인 평가이므로 점수의 절대적 수준에 큰 의미를 두는 것은 좋지 않습니다. 비즈니스모델 대안의 비교 평가나 비즈니스모델 혁신의 착안 사항으로 활용하는 것이 바람직합니다.

　필수 조건이라 함은 비즈니스모델이 성공하기 위해서 반드시 충족해야 할 요건을 의미합니다. 고객과 가치, 즉 '많은 고객에게 멋진 가치를 제공한다'는 것이 성공적인 비즈니스모델이 되기 위한 필수 조건입니다. 많은 고객에게 멋진 가치를 제공한 포드의 T모델이나 애플의 아이폰은 고객 세그먼트의 잠재력과 가치 제안의 잠재력을 겸비한 대표적인 사례입니다. 앞서 고객가치 캔버스를 통해 살펴본 내용이 중심

가치 제안의 잠재력 (Potential of Value Proposition)				고객 세그먼트의 잠재력 (Potential of Customer Segments)			
30 모두의 상상 이상	25 고객의 기대 이상	20 경쟁자에 우위	15 경쟁자와 동급	30 글로벌 대부분	25 국내의 대부분	20 특정 영역의 대부분	15 특정 영역의 상당수

참신성 (Novelty)	경쟁으로부터의 보호 (Protection from Competition)	전환 비용 (Switching Cost)	네트워크 효과 (Network Effect)	타인의 노력 (Getting Others to Do the Work)
4 매우 3 우수 2 보통 1 미흡 0 전혀	4 매우 3 우수 2 보통 1 미흡 0 전혀	4 매우 3 우수 2 보통 1 미흡 0 전혀	4 매우 3 우수 2 보통 1 미흡 0 전혀	4 매우 3 우수 2 보통 1 미흡 0 전혀

비용의 효율성 (Cost Efficiency)	수익의 조기 실현 (Earn Before You Pay)	수익의 반복성 (Recurring Revenues)	규모의 확장성 (Scalability)	선순환 구조 (Virtuous Circle)
4 매우 3 우수 2 보통 1 미흡 0 전혀	4 매우 3 우수 2 보통 1 미흡 0 전혀	4 매우 3 우수 2 보통 1 미흡 0 전혀	4 매우 3 우수 2 보통 1 미흡 0 전혀	4 매우 3 우수 2 보통 1 미흡 0 전혀

합계				
85 세계적 혁신 기업 (World Changer)	75 국제적 선도 기업 (Global Leader)	65 국내적 선도 기업 (National Leader)	55 업계의 선도 기업 (Industry Leader)	45 업계의 경쟁 기업 (Industry Competitor)	35 업계의 한계 기업 (Maginot Player)

[그림 5-3] 비즈니스모델 스코어카드의 평가 기준

이 됩니다.

첫 번째의 필수 조건은 '고객 세그먼트의 잠재력Potential of Customer Segments'입니다. 즉 유사한 니즈를 가진 잠재 고객이 얼마나 많은가에 관한 것입니다. 특정인보다 일반인이 필요로 하는 것이라면 고객 세그먼트의 잠재력이 큽니다. 세상의 모든 사람이나 기업이 필요로 하는 것이라면 더욱 좋겠지요.

두 번째의 필수 조건은 '가치 제안의 잠재력Potential of Value Proposition'입니다. 즉 그 비즈니스가 제공하는 가치가 목표 고객의 니즈를 얼마나 잘 충족시켜주는가에 관한 것입니다. 경쟁자보다 좋다면 가치 제안의 잠재력이 있습니다. 고객의 기대 이상 또는 모두의 상상

비즈니스모델 4.0

이상이라면 더욱 좋을 것입니다.

보조 조건은 모든 비즈니스모델이 반드시 충족해야 하는 것은 아니지만, 충족하면 할수록 성공의 가능성이 높아지는 요건을 의미합니다. 앞서 비즈니스모델 캔버스를 통해 살펴본 모든 내용이 대상이 됩니다.

첫 번째는 '참신성Novelty'입니다. 그 비즈니스모델이 해당 산업에서 전례가 없는 새로운 방식이고, 여러 가지의 새로운 유형을 포함한다면 참신성이 좋은 것입니다. 예를 들면 넥센타이어가 2015년에 '넥스트 레벨'이라는 렌털 서비스를 개시했습니다. 정수기나 안마의자 같은 생활가전에서는 이미 일반화된 비즈니스모델이지만, 타이어 업계에서는 최초로 렌털을 시도하는 것이기 때문에 참신성이 비교적 높습니다. 애플의 아이폰-앱스토어-아이클라우드는 이전에는 없던 비즈니스모델로 산업 생태계를 혁신한 것이며 융합형, 개방형, 네트워크, 롱테일, 플랫폼, PSS, 무료형 등의 새로운 유형을 복합적으로 포함하고 있기 때문에 참신성이 매우 높습니다.

두 번째는 '경쟁으로부터의 보호Protection from Competition'입니다. 그 비즈니스모델이 경쟁사의 대두와 모방을 효과적으로 억제하는 진입 장벽이 있다면 경쟁으로부터 보호하기가 좋은 것입니다. 예를 들면 글로벌 제약 회사 화이자Pfizer가 1998년에 발기부전 치료제인 비아그라를 출시하면서 주성분인 실데나필의 물질특허를 획득했습니다. 이 때문에 2012년까지는 다른 제약 회사가 이 물질을 사용할 수 없었습니다. 이와 같이 독점적 기술이나 특허를 확보한다면 진입 장벽이 높습니다. 이 외에도 공급이 제한된 원료나 입지를 선점하거나 산업 생태계를 선도적으로 구축할 수 있다면 진입 장벽이 높은 것입니다.

세 번째는 '전환 비용Switching Cost'입니다. 그 비즈니스모델로 확보한 고객이 경쟁사로 옮겨가기 어렵다면 전환 비용이 좋은 것입니다. 전환 비용은 고객이 구매하던 제품이나 서비스를 다른 회사로 바꿈으로써 발생하는 유무형의 비용을 의미합니다. 학습이나 숙련과 같은 절차적 비용, 호환성이나 위약금과 같은 재무적 비용, 네트워크나 커뮤니티와 같은 관계적 비용 등을 포괄합니다. 예를 들면 애플의 아이튠즈는 음질이 우수하지만 아이팟에서만 들을 수 있는 AAC 포맷으로 음원을 제공했습니다. 이 때문에 아이튠즈의 음원을 다운로드한 고객은 다른 MP3 플레이어로 이탈하지 않고 계속 아이팟의 신모델을 구매합니다. 더 나아가 여러 개의 대규모 데이터센터를 구축하면서 아이클라우드 서비스를 제공하는 것은 전환 비용을 회사 차원으로 심화하고자 하는 전략입니다.

네 번째는 '네트워크 효과Network Effect'입니다. 그 비즈니스모델로 확보한 고객이 새로운 고객을 유인한다면 네트워크 효과가 좋은 것입니다. 예를 들면 많은 사람이 친구를 맺자는 지인의 요청을 받아 페이스북에 가입하고, 지인과의 원활한 의사소통을 위해 카카오톡에 가입합니다. 이 외에도 업무상의 편의를 위해 나도 다른 사람이 사용하는 워드프로세서를 사용합니다. 마이크로소프트가 윈도시스템의 소스 코드를 오픈해 개발자, 제조사, 경쟁사 및 고객의 구심점을 구축한 것은 네트워크 효과를 통해 자리매김한 대표적인 사례입니다.

다섯 번째는 '타인의 노력Getting Others to Do the Work'입니다. 그 비즈니스모델이 고객이나 이해관계자의 자발적인 참여를 통해 지원을 받는다면 타인의 노력이 좋은 것입니다. 예를 들면 유튜브는 수많은 고객이 스스로 동영상을 제작해 업로드하고, 다른 고객이 이것을 시청하며, 또 다른 고객이 광고를 게재함으로써 비즈니스모델의 가치가 제고됩니다. 나아가 일정한 인원 이상의 시청자가 플래그 버튼Flag Button으로 신고하면 선정적이거나 폭력적인 콘텐츠가 자동으로 차단됩니다. 퀄컴은 코드 분할 다중 접속CDMA 방식에 대한 무선통신의 원천 기술을 보유하고 단말기 및 통신 회사로부터 로열티를 받고 있습니다. 이와 같이 원천 기술을 보유하고 다른 회사로부터 로열티를 받을 수 있다면 타인의 노력이 높은 것입니다.

여섯 번째는 '비용의 효율성Cost Efficiency'입니다. 그 비즈니스모델이 기존의 방식에 비해 획기적으로 투자나 비용을 절감한다면 비용의 효율성이 좋은 것입니다. 예를 들면 스카이프는 네트워크 인프라에 대한 투자 없이 기존의 인터넷망을 이용해 국제전화 서비스를 제공하기 때문에 비용의 효율성이 높습니다. 나이키는 여러 조각을 수작업으로 접합하던 러닝화의 상단을 하나로 뜨개질하는 플라이니트flyknit 방식을 개발해 수익성을 3~4배나 높이고 있습니다. 저가 항공도 비용의 효율성을 토대로 한 비즈니스모델입니다.

일곱 번째는 '수익의 조기 실현Earn Before You Pay'입니다. 그 비즈니스모델이 현금 유출에 앞서 현금 유입을 창출할 수 있다면 수익의 조기 실현이 좋은 것입니다. 예를 들면 델은 무점포에 의한 선주문-후생산 방식을 통해 단체 고객에게 맞춤형 PC를 공급함으로써 선행적 현금 유입을 창출하고 운영 비용과 재고 비용을 획기적으로 절감했습니다. 미국의 코스트코Costco는 선불 연회비를 받는 창고형 할인 매장입니다. 이러한 선행적 수익을 바탕으로 현금 구매를 통해 구매 단가와 판매 단가를 낮춤으로써 2017년 월마트에 이어 세계 2위의 유통업체로 성장합니다.

여덟 번째는 '수익의 반복성Recurring Revenues'입니다. 그 비즈니스모델의 과거 매출이 미래 매출을 견인하거나, 사전에 매출의 지속성을 확보한다면 수익의 반복성이 좋은 것입니다. 프린터를 판매하면 토너나 잉크가 판매되는 것이 대표적인 사례입니다. 그 밖에도 스위스의 글로벌 식품 회사인 네슬레는 커피머신을 판매해 커피팟의 반복 구매를 유도하는 네스프레소 사업으로 2013년에 50억 달러의 매출을 올립니다. 리히텐슈타인의 힐티Hilti는 판매와 수리 위주의 산업용 공구 사업을 임대와 관리 방식으로 전환해 수익의 반복성을 제고합니다. 이외에 다양한 분야에서 응용되는 구독 방식의 서비스도 수익의 반복성이 높은 것입니다.

아홉 번째는 '규모의 확장성Scalability'입니다. 그 비즈니스모델이 수요의 증가에 부응해 쉽고 빠르게 공급의 규모를 확대할 수 있다면 규모의 확장성이 좋은 것입니다. 일반적으로 전통적인 제조업이나 오프라인 서비스업이 수요의 증가에 부응하려면 추가적인 설비나 인력을 필요로 합니다. 그러나 페이스북이나 MMORPG 등과 같이 온라인 기반의 서비스업은 설비나 인력을 크게 추가하지 않고도 수요의 증가에 신속하고 간단하게 대응할 수 있습니다. 제조업에서 1만 5,000개의 협력 업체를 활용해 의류를 생산, 납품하는 홍콩의 리앤펑이 규모의 확장성이 높은 대표적인 사례입니다.

열 번째는 '선순환 구조Virtuous Circle'입니다. 그 비즈니스모델의 기본적인 메커니즘이 성장과 함께 강화될 수 있다면 선순환 구조가 좋은 것입니다. 예를 들면 저가 항공의 대명사인 사우스웨스트항공Southwest Airlines은 '저가 서비스의 제공→저가 지향 고객의 증가→규모의 경제로 원가 절감→저가 서비스의 강화'를 통해 비즈니스모델을 확대재생산합니다. 애플의 앱스토어는 '앱의 증가→고객가치의 제고→사용자 및 다운로드의 증가→개발자의 수익 증가→앱의 증가'로 이어지는 선순환 구조를 가지고 있습니다. 아마존은 '저원가→저가격→고객 만족→방문 증가→공급 증가→제품 증가→저원가'로 이어지는 선순환 과정을 통해 비즈니스모델을 지속적으로 강화합니다. 반면에 명품 브랜드인 구찌Gucci가 한때 라이선싱을 남발해 브랜드 가치를 상실한 것은 선순환 구조라는 보조 조건을 충족하지 못한 사례입니다.

비즈니스모델의 필수 조건과 보조 조건을 점검하라

성공하는 비즈니스모델이 되기 위해서는 우선 '많은 고객에게 멋진 가치를 제공한다'는 필수 조건을 충족해야 합니다. 그러나 필수 조건을 충족했다고 하더라도 반드시 성공하는 것은 아닙니다. 비즈니스모델은 고객에게 창출하는 가치, 가치를 전달하는 활동, 수익을 획득하는 구조의 통합적 메커니즘이기 때문입니다. 2가지의 필수 조건과 함께 10가지의 보조 조건까지 점검한다면 비즈니스모델의 성공 확률을 높일 수 있을 것입니다.

03
스테이지-게이트와
린-스타트업

2010년에 설립된 핀란드의 슈퍼셀Supercell은 본사와 지사를 합쳐도 직원이 200명 남짓한 스타트업입니다. 〈클래시오브클랜스〉, 〈헤이데이〉, 〈붐비치〉 등의 비디오게임을 출시해 2016년에 매출 21억 유로, 영업이익 9억 2,000만 유로라는 엄청난 실적을 올렸습니다. 그 덕분에 소프트뱅크의 손정의 회장이 2013년에 지분 51퍼센트를 인수했고, 다시 텐센트가 2016년에 지분 84퍼센트를 86억 달러에 인수할 정도로 주목을 받았습니다. 슈퍼셀이 이처럼 적은 수의 직원으로도 큰 성과를 올릴 수 있는 비결은 무엇일까요?

슈퍼셀은 개발자 5~6명으로 구성된 셀cell이 아이디어 발굴, 가설 수립, 게임 개발, 기초 테스트, 정식 출시 등을 주도적으로 결정합니다. 아이디어가 좋다고 판단되면 사내 평가용 알파버전을 만들고, 사내 평가가 좋으면 고객 평가용 베타버전을 캐나다 앱스토어에 올려본

슈퍼셀의 비디오게임 <클래시오브클랜스>

후, 고객 평가가 좋으면 최종 버전을 세계 시장에 제시합니다. 소수 인력의 슈퍼셀은 바로 이런 방식으로 다양한 게임을 신속히 개발해 높은 성공률을 기록할 수 있었습니다.

일반적으로 대기업의 신사업 개발은 신중한 계획, 치밀한 준비, 완벽한 제품, 일방적 프로세스, 전면적 실시 등을 특징으로 합니다. 단계별로 목표 시한에 맞추어 진행하기 때문에 '스테이지-게이트stage-gate' 방식이라고 합니다. 반면에 슈퍼셀과 같이 성공한 스타트업의 신사업 개발은 기본적 계획, 시험적 제품, 신속한 실행, 반복적 피드백, 단계적 확대 등을 특징으로 합니다. 이것이 바로 '린-스타트업Lean Start-up' 입니다. 린-스타트업은 토요타Toyota의 린 생산방식을 벤치마킹해 신제품의 개발과 신사업의 창업 과정을 홀쭉하게 재편한 것입니다. 핵심 원칙은 최소한의 제품 아이디어와 비즈니스모델로 시작해 고객의 반응을 측정하고 개선하는 제작-측정-학습의 순환과정입니다.

린-스타트업은 완벽한 제품을 제작하고 사업을 설계하느라 시간과 비용을 낭비하지 않도록 해줍니다. 특히 자금력이 미흡해 실패를 감당할 능력이 부족한 스타트업이 최소의 자금으로 사업을 추진하는 방안이기도 합니다. 예를 들면 민박 공유 플랫폼으로 유명한 에어비앤비는 2008년에 20달러로 창업했습니다. 처음에는 간단한 홈페이지에 이름처럼 침대air bed와 조식breakfast을 제공하는 방식으로 시작했지만, 사용자 100명을 모으는 데 1년 이상이 소요될 정도로 반응이 미미했습니다. 그러다 숙소만 공유하는 방식으로 비즈니스모델을 변경한 뒤 호텔 요금에 부담을 느끼던 고객들의 이용 횟수가 급증했습니다. 그 결과, 에어비앤비는 2018년에 191개 국가, 8만 개 도시, 450만 개 공간을 중개하며 기업 가치가 300억 달러로 평가될 정도의 글로벌 기업으로 성장합니다.

근래에는 스타트업이 사용하던 이 린-스타트업 방식을 도입하는 대기업이 늘어나고 있습니다. 2012년부터 벤처기업과 같은 신속성을 추구하기 위해 패스트웍스FastWorks 프로젝트를 진행하고 있는 GE가 대표적인 회사의 하나입니다. 일례로 2014년에 그린빌 공장이 가스터빈을 개발하면서 초기부터 고객에게 제품을 공개하고 피드백을 받아 개선해나갔습니다. 덕분에 개발 기간 및 비용을 2분의 1로 감축하고서도 고객이 만족하는 가스터빈을 개발할 수 있었습니다.

또한 GE는 상품 개발과 제조의 혁신을 위해 실험적 자회사인 퍼스트빌드FirstBuild를 설립하고 개방형 플랫폼인 마이크로팩토리Micro Factory를 운영하고 있습니다. 웹사이트에서 외부인의 제안을 받으면 투표와 댓글을 바탕으로 상품화를 결정하고, 자체 브랜드로 개발해 판매하며, 필요에 따라 GE 사업으로 흡수하는 것입니다. 이를 통해 USB 연결 냉장고, 살균 램프, 전자저울, 계란찜기 등의 제품을 개발하기도 했습니다. GE의 회장이었던 잭 웰치Jack Welch는 "대기업이 중소기업의 스피드를 이길 수 있는 것은 실패를 감당할 수 있는 규모"라고 했습니다. 하지만 후임인 제프리 이멜트Jeffrey Immelt는 "큰 기업이 항상 작은 기업을 이기는 것은 아니지만 빠른 기업은 언제나 느린 기업을 이긴다"는 말을 따르고자 한 것입니다.

린-스타트업의 교훈은 신사업을 추진할 때뿐만 아니라 기존 사업을 재편하는 경우에도 새겨볼 만합니다. 1902년에 설립된 미국의 JC페니JC Penney는 애플스토어를 구상한 론 존슨Ron Johnson을 영입했습니다. 2011년에 CEO로 취임한 존슨은 쿠폰과 할인이 없는 '매일 공정하고 정직한 가격' 캠페인을 모든 매장에서 전면적으로 전개했습니다. 하지만 주가와 실적이 모두 급락하자, 2013년 불명예스럽게 퇴임하게 됩니다. 혹 JC페니가 이 캠페인을 한두 개의 점포에서 실험적으로 시행한 후에 효과를 확인하고 문제를 보완하면서 확대했다면 어떠했을까요?

1957년에 설립되어 전 세계에 488개의 체인 호텔을 가지고 있는 하얏트Hyatt는 바로 이런 방식으로 실험 호텔Laboratory Hotels을 운영

합니다. 실험 호텔들은 각각 7~8개의 혁신 아이디어를 실험하는 프로젝트를 진행하고, 성과를 확인하며 보완한 후에 다른 호텔로 전파합니다. 단골고객의 짐을 맡아두는 '하얏트에 맡겨두세요' 서비스도 호주의 그랜드하얏트멜버른

호주의 그랜드하얏트멜버른 호텔

이 개발해 여러 체인 호텔로 확산되고 있습니다.

비즈니스는 홀쭉하게 시작하라

"어리석은 사람은 항상 같은 실수를 반복하지만, 현명한 사람은 항상 새로운 실수를 한다"는 말이 있습니다. 개방형 혁신으로 유명한 헨리 체스브로 교수는 "비즈니스모델 혁신은 사전적 의미의 엄청난 통찰력이 아니라 반복적 시행착오를 통한 사후적 적응에 관한 것이다"라고 했습니다. 또 린-스타트업의 창시자인 스티브 블랭크Steve Blank는 "스타트업이 실패를 두려워하면 실패할 수밖에 없다"고 했습니다. 새로운 사업을 개발하는 여정은 고속도로처럼 일직선으로 쭉 가면 성공이 보이는 길이 아니라, 미로를 벗어나는 것처럼 앞뒤로 왔다 갔다 하는 시행착오의 과정에 가깝습니다. 가급적 소규모로 실험하며 학습하고 개선하는 린-스타트업을 통해 실패의 위험을 줄이고 성공의 확률을 높이기 바랍니다.

04
단거리 비즈니스와
마라톤 비즈니스

대형 마트의 온라인 사이트에서 식료품을 주문해보셨습니까? 미국에서 온라인 슈퍼마켓을 최초로 구상한 회사는 웹밴Webvan입니다. 1996년에 설립된 웹밴은 사업 아이디어가 좋다는 평을 얻으며 소프트뱅크, 세쿼이어캐피털 등으로부터 무려 10억 달러를 펀딩받습니다. 이러한 자금력을 바탕으로 1999년부터 물류 센터 26개를 건립해 미국 전역에 인프라를 구축하는 등 본격적으로 사업을 추진합니다. 그런데 웹밴은 2년 만에 파산하고 맙니다. 무엇이 문제였을까요?

웹밴의 배송 차량

전국에 26개의 물류 센터를 건립하면 선점 효과와

비즈니스모델 4.0

규모의 경제를 누릴 수 있습니다. 하지만 주문을 접수하면 인근 물류 거점에서 당일에 배송하는 식료품의 경우, 원거리의 물류 거점은 소비자에게 큰 의미가 없습니다. 그런데도 웹밴은 성급하게 대규모 인프라를 전면적으로 구축해 사활을 걸었습니다. 사실 웹밴이 해야 할 일은 비즈니스모델을 실험해가면서 사업을 확장하는 것이었습니다. 즉 시행착오가 아니라 실험을 통한 검증이 필요했던 것입니다.

이와는 달리, 1919년에 설립된 영국의 테스코Tesco는 1996년에 온라인 쇼핑몰인 테스코닷컴을 개시해 2010년에 20억 달러의 매출을 올린 후, 2014년에는 온라인 쇼핑몰의 식품 부문에서 세계 1위를 차지했습니다. 웹밴과 어떤 차이가 있었을까요?

테스코는 우선 하나의 매장에서 웹사이트를 개설한 후 고객의 반응과 요구를 분석했습니다. 이를 통해 온라인 쇼핑몰에서 구매하면 바로 배달하는 서비스와 함께 오프라인 매장에서 물건을 찾아가는 클릭앤콜렉트click & collect 방식을 병행했습니다. 첫 2년 동안은 기존 매장과 배송 차량을 활용하다가 주문이 증가하자 별도의 물류 시스템과 배송 인프라를 구축했습니다. 테스코는 이렇게 비즈니스모델을 보완하면서 단계적으로 온라인 슈퍼마켓 시장을 개척한 것입니다.

신사업의 비즈니스모델은 그 특성을 단거리 또는 마라톤으로 구분할 수 있습니다. 장치 산업과 같이 단기적으로 대규모 투자를 실시하는 것은 '단거리 신사업'입니다. 소매 점포와 같이 장기적으로 점진적 투자를 실시하는 것은 '마라톤 신사업'입니다. 통상 고객에게 주는 혜택이 상당하고, 네트워크 효과가 기대되며, 동일한 목표를 가진 경쟁자가 있는 경우에는 단거리 방식이 적합합니다. 반면에 기술적 난관이 있고, 보완적 인프라가 필요하며, 여러 이해관계자를 조정해야 하는 경우에는 마라톤 방식이 적합합니다.

일반적으로 수요자와 공급자를 연결하는 플랫폼 비즈니스모델에서는 네트워크 효과를 선점하기 위해 서비스의 대상과 영역을 확대하는 속도전이 중요하다고 생각합니다. 그러나 순수한 온라인 플랫폼과는 달리 오프라인이 결합된 O2O 플랫폼에서 실제 네트워크 효과는 일정한 수요의 밀도가 있는 지역적 범위에 한정됩니다. 즉 순수한 온라인 플랫폼은 단거리에 가깝지만 O2O 플랫폼은 마라톤에 가깝다는 것입니다. 오픈테이블OpenTable의 사례가 그 교훈을 잘 보여줍니다.

1998년에 설립된 미국의 오픈테이블은 식당에서 예약 테이블당 1달러의 수수료와 월 199달러의 식탁 관리 소프트웨어 이용료를 받는 온라인 식당 예약 플랫폼입니다. 창업 후 급속히 서비스 지역을 확대해 2001년에 50개 도시에서 식당과 고객을 확보했습니다.

그런데 예약 고객에게는 이용료도 면제하고 포인트까지 제공했지만 실제로 예약 건수가 많지 않았습니다. 그러다 샌프란시스코, 시카고, 뉴욕, 워싱턴DC에서 인기 있는 식당을 우선 확보하는 일에 집중하자, 선순환 사이클이 작동하면서 2009년에는 상장까지 하게 됩니다. 그 후 2014년에 여행 예약 회사인 프라이스라인PriceLine이 26억 달러에 인수해 전 세계로 서비스를 확대하게 되었습니다. 글로벌 식당 예약 플랫폼으로 성장한 오픈테이블은 2018년에 4만 개 이상의 회원 식당을 확보하고, 매달 2,100만 건의 예약을 중개하고 있습니다.

그리고 자원의 제약이 많은 스타트업은 가급적 단거리보다는 마라톤처럼 사업을 추진하는 것이 바람직합니다. 집카의 사례가 그 교훈을 잘 보여줍니다.

1999년에 창업한 미국의 집카는 우리나라의 쏘카와 같은 자동차 공용 서비스의 효시입니다. 등록비와 연회비를 낸 후 웹과 앱으로 차를 검색해 예약하고 이용한 후 반납하면서 이용료를 내는 서비스입니다. 집카는 벤처캐피털에서 펀딩한 130만 달러를 기반으로 보스턴, 뉴욕 및 워싱턴으로 신속하게 서비스를 확대했습니다. 그러나 2003년까지 130대의 자동차로 6,000명의 회원을 확보하는 수준에 그쳤고, 실제

집카의 공유 차량과 주차장

이용자도 미미한 수준이었습니다. 가격 인하, 광고 확대, 무료 체험, 차량 개선 등을 시도해보았지만 효과가 거의 없었습니다.

그러다 일차적으로 구심력 있는 지역을 목표 시장으로 한정해 고객의 편의성을 제고해야 한다는 점을 깨닫고 대학, 회사 및 구역을 단계적으로 확보하면서 성공 가도에 진입합니다. 집카가 2012년에 구글을 비롯한 1만 개 이상의 기업과 여러 대학 및 호텔과 제휴해 사업을 확장하자, 2013년에 에이비스^Avis^가 5억 달러에 인수합니다.

비즈니스도 단거리와 마라톤을 구별하라

오픈테이블은 제한된 인력으로 식당 유치를 해야 하고, 집카는 제한된 자원으로 자동차를 제공해야 했습니다. 그 때문에 성급히 서비스 지역을 넓히면 수요와 공급의 밀도가 희박해지고, 막상 이용하려고 해도 가까운 곳에 공급자가 부족하게 됩니다. 그러므로 특정 지역에 자원을 집중한 후에 단계적으로 확대하는 일이 필요했던 것입니다. 특히 자원의 제약이 많은 스타트업이라면 가급적 단거리보다는 마라톤으로 사업을 전개해 실패의 위험을 줄이고 성공의 확률을 높이기 바랍니다.

비즈니스모델 4.0

05
아이디어와
비즈니스의 검증 방법

실리콘밸리에서 일하던 한 교포 청년이 오랜만에 고국에 와서 과음을 했다고 합니다. 그러다 사람들이 북미에서는 볼 수 없었던 숙취해소 음료를 마시는 것을 보고 흥미를 느꼈습니다. 자기도 마셔보니 제법 효과가 있었습니다. 숙취 해소에 대해 논문을 쓴 교수에게 자문을 구한 이 청년은 미국에서 이 사업을 해보기로 마음을 먹습니다.

그런데 막상 이것을 실행으로 옮기자니 미국에서도 팔릴 것인지 확신이 없었습니다. 그래서 행오버닷컴^{hangover.com}이라는 간단한 웹사이트를 만들어 숙취 해소 음료를 5달러에 판매한다고 광고해보았는데, 얼마 지나지 않아 2,000달러에 가까운 주문이 들어왔습니다. 이런 식으로 사업성을 확인한 이 청년은 주문을 취소하고 환불해준 후 본격적으로 시제품을 개발합니다. 다시 시제품의 효과와 반응을 살펴본 다음, 2017년에 본격적으로 82랩스^{82Labs}를 설립하고 '모닝리커버리^{Morning}

Recovery'를 출시합니다. 82랩스는 설립 1년 만에 연간 매출 700만 달러를 올리고 총 1,000만 달러의 투자도 받았습니다. 2019년에는 회사명을 모어랩스More Labs로 변경하고 집중력 향상, 스트레스 감소 등을 위한 기능성 음료로 확장하면서 유니콘 후보의 하나로 평가되고 있습니다.

우리는 새로운 제품과 사업을 검증하기 위해 종종 고객 인터뷰를 합니다. "이 제품을 이 가격에 사시겠습니까?"와 같은 질문을 하는 것입니다. 그런데 소비자심리학의 대가인 제럴드 잘트먼Gerald Zaltman 교수는 "말로 표현되는 고객의 니즈는 5퍼센트에 불과하다"고 했습니다. 인터뷰에 응한 고객이 자신을 잘 알고, 솔직하게 응답하며, 응답한 대로 행동할 확률은 5퍼센트밖에 안 된다는 것입니다. 따라서 제품과 사업을 검증하기 위해서는 피상적 의견이 아니라 실질적 사실 확인이 필요합니다. 그렇다면 어떻게 해야 사실을 바탕으로 제품과 사업을 검증할 수 있을까요?

먼저, 기본적인 아이디어를 검증하는 것이 필요합니다. 이때 고객의 삶 속에서 그 아이디어가 어떤 의미가 있는지 깊이 살펴보는 것이 중요합니다.

전 세계에 시각장애인은 3억 명 가까이 된다고 합니다. 이에 미국에서 공부하던 한 한국 청년이 음성과 점자를 이용한 시계를 구상합니다. 그런데 시각장애인의 삶 속에서 그 아이디어를 살펴보다가 미처 인식하지 못했던 사실을 깨닫게 됩니다. 즉 음성은 다른 사람에게 방해가 된다는 것입니다.
점자를 해독할 수 있는
시각장애인은 10퍼센트
에 불과합니다. 시각장애
인도 시각적 감성을 중시
해 "그 시계가 무슨 색입
니까?"라고 묻습니다. 그

이원의 브래들리 타임피스

리고 시각장애인임을 노출하는 전용 시계라면 사지 않겠다고 합니다.
결론적으로 '누구나 찰 만한 멋진 시계이면서도 시각장애인이 차면 편
리한 시계'를 원한다는 것입니다.

2012년에 그 청년은 이원Eone이라는 스타트업을 설립하고 자판을
도는 크기가 다른 구슬 두 개를 보거나 만져서 시간을 알 수 있는 시계
를 개발합니다. 그리고 2013년에 킥스타터를 통해 60만 달러를 크라
우드 펀딩합니다. 이 크라우드 펀딩의 성공은 또 하나의 검증인 셈입
니다. 이원은 이 시계를 패럴림픽 수영 금메달리스트인 시각장애인의
이름을 따서 '브래들리 타임피스Bradley Timepiece'로 출시했습니다. 이
시계는 레드닷 디자인상을 수상하며, 지금은 시각장애인은 물론 일반
인들에게까지 인기를 끌고 있습니다.

다음으로, 핵심적 제품이 실제로 팔릴 만한지를 검증하는 것입니
다. 이를 위한 제품을 MVPMinimum Viable Product, 즉 최소 기능 제품이
라고 합니다. 판매보다는 실험과 학습을 위해 필요한 최소 수준으로

개발한 제품의 프로토타입입니다.

'더 빅 니트' 캠페인으로 유명한 이노센트의 창업 이야기도 간단하지만 재미있는 교훈을 줍니다. 처음에는 창업자인 세 청년이 런던의 작은 음악 축제가 열리는 곳에 가판대를 설치하고 자기들이 개발한 스무디를 팔았습니다. 그리고 '회사를 그만두고 장사해도 될까요?'라는 현수막을 걸고, '예/아니요' 팻말이 붙은 쓰레기통 2개를 갖다놓고는 다 마신 병을 넣도록 했습니다. 축제의 마지막 날 '예' 쓰레기통이 꽉 차자 세 사람은 사표를 내고 본격적으로 사업에 착수합니다. 이노센트가 영국은 물론 유럽 여러 나라로 사업을 확대해나가자 코카콜라가 2009년부터 단계적으로 지분을 확보해 2017년에는 90퍼센트 이상의 지분을 가진 최대 주주가 되었습니다.

마지막으로, 핵심적 비즈니스모델이 실제로 작동될 만한지를 검증하는 것입니다. 이를 위한 비즈니스모델을 MVB^Minimum Viable Business Model, 즉 최소 기능 비즈니스모델이라고 합니다. 운영보다는 실험과 학습을 위해 필요한 최소 수준으로 설계한 비즈니스의 프로토타입입니다.

2009년에 설립된 미국의 렌트더런웨이^Rent The Runway는 유명 디자이너의 드레스 등을 온라인을 통해 제품 가격의 15퍼센트 정도에 일주일간 빌려준다는 비즈니스를 착안했습니다. 창업자인 두 여성이 1차적으로 드레스 130벌을 빌린 후 여학생 140명에게 초청장을 보내 오프라인에서 드레스 대여를 제안합니다. 그러자 53명이 대여하고,

51명이 정상적으로 반납했습니다. '많이 대여하고 잘 반납한다'는 것이 검증된 셈입니다. 여기에서 그치지 않고, 이들은 2차적으로 여학생 1,000명에게 드레스 정보를 담은 PDF 파일을 보내 온라인에서 드레스 대여를 제안합니다. 그러자 5퍼센트인 50명이 대여했습니다. '입어보지 않고도 대여한다'는 것도 검증된 셈입니다. 이렇게 사업성을 확인한 후 인터넷 사이트를 개설한 두 사람은 드레스를 확보하며 본격적으로 사업을 전개합니다.

2013년 오바마 대통령의 2기 취임식 파티에 참석한 여성의 85퍼센트가 렌트더런웨이에서 의상을 빌려 입었다고 대서특필되기도 했습니다. 그 결과, 렌트더런웨이는 2016년 기준 600만 회원과 1억 달러의 매출을 달성하며 기업 가치가 6억 달러로 평가될 정도로 인기를 끌고 있습니다.

온라인으로 신발을 판매하는 자포스Zappos의 사례도 인상적입니다. 한 청년이 샌프란시스코를 종일 다녀도 마음에 드는 신발을 찾을 수 없었다고 합니다. 그래서 1999년에 '인터넷으로 신발을 파는 사업'을 착안했습니다. 그는 이 비즈니스를 검증하기 위해 슈사이트닷컴 shoesite.com이라는 간단한 웹사이트를 만듭니다. 그리고 가게를 돌아다니며 신발을 찍어 그 사진과 가격을 함께 올렸습니다. 주문이 들어오면 그제야 신발을 구매해 배송했습니다. 이런 방식으로 사업성을 확인한 이 청년은 자포스라는 이름으로 온라인 신발 판매 사업을 본격적으로 전개합니다. 2009년에 아마존이 12억 달러에 인수한 자포스는

2011년에 21억 5,000만 달러의 매출을 올리며 미국 최대의 신발 유통 업체에 등극합니다.

비즈니스는 사랑하기 전에 검증하라

새로운 사업 아이디어를 피상적인 의견이나 주관적인 기대에 기대어 추진하는 사람이 적지 않습니다. 검증은 의견^{opinion}이 아니라 사실^{fact}을 바탕으로 해야 합니다. "첫 번째 사업 아이디어와 사랑에 빠지지 마라!"는 충고를 잊지 마십시오. 아무리 멋지다고 생각되고, 멋지다고 평가받는 아이디어라도 실질적 사실을 바탕으로 최소 기능 제품과^{MVP}과 최소 기능 비즈니스모델^{MVB}까지 검증한 후에 사업을 본격화하기 바랍니다.

비즈니스모델 4.0

06
신사업의 함정과
탈출 방법

주식투자를 하십니까? 하신다면 종종 사고파실 텐데요. 1년 전에 주당 10만 원에 산 주식이 있다면 지금 매각할 것인가, 계속 보유할 것인가를 결정하는 가장 중요한 판단 기준은 무엇이라고 생각하십니까? 우리는 종종 10만 원에 샀는데 20만 원이 되었으니 이제 팔겠다는 사람, 10만 원에 샀는데 5만 원이 되었으니 절대 팔 수 없다는 사람을 봅니다. 사실 이것은 아마추어 투자자가 가장 빠지기 쉬운 함정입니다. 20만 원으로 올랐더라도 더 오를 것으로 예상하면 보유하고, 5만 원으로 떨어졌더라도 더 떨어질 것으로 예상하면 매각해야 합니다. 즉 얼마에 샀고 지금 얼마인가가 판단 기준이 아니라, 앞으로 오를 것인가 내릴 것인가가 핵심적 판단 기준인 것입니다.

매몰 비용Sunk Cost은 의사결정을 하고 실행한 이후에는 선택의 번복 여부와 무관하게 회수할 수 없는 비용을 말합니다. 앞의 주식투자

브리티시항공의 초음속 여객기 콩코드

사례에서 살 때 지불한 10만 원이 바로 매몰 비용입니다. 엎질러진 물처럼 되돌릴 수 없기 때문에 미래에 관한 의사결정에서 정보로서의 가치가 없는 것입니다.

그런데도 이미 투자한 시간과 비용에 집착하는 '매몰 비용의 함정'에 빠지는 경우가 적지 않습니다. 대표적인 사례가 콩코드Concorde입니다. 1962년에 영국과 프랑스가 공동 개발한 콩코드는 1976년에 상업 운항을 시작했다가 2003년에 운항을 중단한 초음속 여객기입니다. 막상 사업을 해보니 엄청난 연료와 소음, 제한된 항로와 승객 등으로 인해 수지타산이 맞지 않았지만 매몰된 투자비에 집착해 사업을 지속하다가 엄청난 추가 손실을 초래했던 것입니다.

'매몰 비용의 함정'에 빠지게 되면 과거의 잘못된 의사결정을 정당화하기 위해 그것을 지지하는 정보만 수용하고, 그것을 부정하는 정보는 무시하는 '확증 편향의 함정'에 빠지는 경우가 많습니다. 대표적인 사례가 이리듐Iridium입니다. 1989년부터 모토로라의 주도하에 52억 달러를 투자해 개발한 이리듐은 1998년에 상용 서비스를 시작한 글로벌 위성전화 서비스입니다. 로밍 서비스가 일반화됨에 따라 사업성이 없어졌다는 평가가 나왔음에도 불구하고 낙관적인 정보에만 의지하다가 2001년에 사업을 매각하기까지 총 94억 달러의 손실을 초래했습니다. 이리듐의 회장이었던 댄 콜루시Dan Colussy가 나중에 "이리듐 사업 계획은 12년 동안 전혀 변화가 없었다"고 고백할 정도로 '확증 편향의 함정'에 빠졌던 것입니다.

신사업은 나름대로 여러 가지 방법을 동원해 사업성을 평가한 후에 추진합니다. 매출이 최소한 어느 정도는 될 것으로 예상했기 때문에 사업을 시작했을 것입니다. 하지만 신사업은 사업 타당성 분석에서 추정한 것과는 달리 저조한 실적을 보이는 경우가 많습니다. 바로 이 경우에 "지금까지 투자한 것이 얼마인데……"라는 매몰 비용의 함정과 "조금만 더 하면 될 텐데……"라는 확증 편향의 함정에 빠지게 되어 더 큰 손실을 입게 됩니다. 그렇다면 어떻게 해야 이 함정에서 벗어날 수 있을까요?

가장 중요한 것은 신사업을 추진할 때 성공 목표와 더불어 철수 기준을 미리 설정하라는 것입니다. 즉 매출이 어떤 수준에 미치지 못한다면 사업에 대한 근본적인 판단이 잘못된 것이므로 바로 포기한다는 기준입니다. 사실 그 수준에도 미치지 못할 것이라고 예상했다면 절대 사업을 시작하지 않았을 테지만, 한번 시작하고 나면 포기하지 못하는 경우가 많습니다. 사전에 철수 기준을 명확히 설정함으

글로벌 소셜 미디어로 부상한 링크드인

써 실패한 신사업을 지속하다가 입게 될 더 큰 위험을 방지하려는 것입니다. 예를 들면 HP는 2011년에 태블릿PC '터치패드'를 출시했으나 성과가 부진하자 47일 만에 생산을 중단합니다. 마이크로소프트는 2010년에 휴대폰 '킨'을 출시했으나 성과가 부진하자 48일 만에 사업을 포기합니다. 사전에 철수 기준에 대한 공감대가 없었다면 하기 어려운 신속한 의사결정이었습니다.

그런데 사전에 설정한 철수 기준에 미치지 못하더라도 사업을 지속하는 것이 바람직한 경우도 있습니다. 사업을 실행하는 과정을 통해 계획할 때는 미처 생각하지 못했던 새로운 비즈니스모델을 개발한 때입니다. 2002년에 설립된 미국의 링크드인LinkedIn이 바로 그런 사례입니다.

링크드인은 구인 및 구직과 인맥 관리 네트워크를 제공하는 세계 최대의 직장인용 소셜 미디어입니다. 처음에는 하루에 몇 사람만 가입

비즈니스모델 4.0

할 정도로 성장이 느렸고, 실패의 길로 가고 있다는 평가가 나왔습니다. 그러다 가입하기 전에 내가 아는 사람 중 누가 가입했는지를 알아볼 수 있게 하자, 변화가 생기기 시작했습니다. 링크드인은 이처럼 폐쇄적 모델을 개방적 모델로 바꾸고, 2008년의 금융위기로 일자리를 잃은 많은 사람이 구직에 나서면서 급속히 확산됩니다. 2016년에 4억 3,000만 명의 회원을 확보한 링크드인이 구직자, 구인자 및 광고주의 다면 플랫폼으로 자리를 굳히자, 마이크로소프트가 262억 달러에 인수합니다.

매몰 비용과 확증 편향의 함정에서 벗어나라

신사업이 기술, 생산 및 마케팅의 봉우리를 넘어 사업적으로 안착하는 경우는 통상 10퍼센트 미만이라고 합니다. 그만큼 높은 위험을 감수하면서 높은 수익을 기대하는 것이 신사업입니다. 큰 성공을 추구하는 것도 좋지만 큰 실패는 피해야 할 것입니다. 그러기 위해서는 매몰 비용과 확증 편향의 함정에 빠지지 말아야 합니다. 사전에 철수 기준을 설정해 가급적 작게 실패하는 것이 좋습니다. 신사업은 기대만큼의 성과가 나거나 실행을 통해 학습한 경우에만 계속 추진하기 바랍니다.

07
비즈니스모델 디자인의
10가지 요령

디자인이라는 단어의 의미를 아십니까? 모든 개념이 그렇듯이 다양한 관점이 있지만 '주어진 목적을 조형적으로 실체화하는 것'이라는 정의가 가장 일반적입니다. 하지만 비즈니스모델을 연구하는 필자가 좋아하는 정의는 '복잡한 문제에 대해 간단한 해결책을 찾는 실용적이고 창의적인 방법'이라는 것입니다. 즉 아이디어의 빠른 실행과 피드백을 통해 고객 중심의 창의적 솔루션을 설계하려는 프로세스입니다. 최근에는 실물을 넘어 경영과 사업에서도 이러한 디자인적 사고가 적용되며 많은 관심을 끌고 있습니다.

새로운 비즈니스모델은 어떻게 디자인할 수 있을까요? 태스크포스를 만들면 될까요? 유능한 직원에게 맡기면 될까요? 컨설팅 회사에 의뢰하면 될까요? 그래도 안 되면 신의 계시처럼 영감이 떠오르기를 기다릴까요? 많은 사람이 비즈니스에서의 아이디에이션에 대해 오해를 가지고 있습니다. "양식을 채워가며 분석하는 절차를 따라가면 답이 나온다, 나는 창의적이지 않고 창의적인 사람이 될 수도 없다, 잡스와 같은 천재나 할 수 있는 일이다" 등과 같은 것입니다. 그렇다면 비즈니스 아이디에이션의 진실은 무엇일까요? 그것은 좌뇌와 우뇌를 다 사용하는 것입니다. 좌뇌는 외부 환경과 내부 역량 등에 대한 분석적 작업을 의미하고, 우뇌는 남과 다른 것을 만들어내는 창의적 작업을 의미합니다.

우리는 이 책에서 비즈니스모델에 대한 다양한 관점과 사례를 통해 혁신적인 비즈니스모델을 디자인하기 위한 역량을 키워왔습니다.

음악 작품을 작곡하는 일에 비유해 이 과정을 설명할 수 있습니다. 작곡하는 역량을 키우려면 우선 음악 이론을 알아야 하는 것처럼 고객 세그먼트, 가치 제안 등 비즈니스모델의 요소를 학습한 것이고, 장르와 코드를 알아야 하는 것처럼 플랫폼, 개방형, 무료형 등 비즈니스모델의 유형을 학습한 것이고, 작곡 기법을 알아야 하는 것처럼 고객가치 캔버스, 비즈니스모델 캔버스 등 비즈니스모델의 기법을 학습한 것이고, 음악을 비평하는 것처럼 비즈니스모델을 평가하는 방법을 학습한 것이고, 명곡을 많이 들어봐야 하는 것처럼 비즈니스모델의 멋진 사례를 학습한 것입니다.

한 가지 덧붙인다면, 많은 작곡을 통해 더 좋은 작품을 만들 수 있는 것처럼 비즈니스모델도 실습을 통해 디자인 역량을 키울 수 있습니다. 이제는 이러한 역량을 바탕으로 비즈니스모델을 디자인할 때 염두

캔버스를 이용한 비즈니스모델 디자인

에 두어야 할 10가지 요령에 대해 살펴보겠습니다.

첫 번째, '비즈니스모델은 큰 캔버스에 시각화하며 디자인하라'는 것입니다. 우선 재편하려는 사업의 기존 비즈니스모델이나 진입하려는 사업의 타사 비즈니스모델을 파악한 다음, 새로운 비즈니스모델을 디자인하는 것입니다. 이때 비즈니스모델 캔버스를 A1이나 B2 크기로 인쇄해 벽에 붙이고 포스트잇을 사용해 시각화하면 좋습니다.

두 번째, '비즈니스모델은 여러 명이 토론하며 디자인하라'는 것입니다. 혼자보다는 5~6명 정도의 팀으로 편성해 비즈니스모델을 디자인하면 다양한 관점을 통해 새로운 통찰력을 얻을 수 있습니다. 개발자, 판매자, 소비자 등 가급적 그 비즈니스에 대해 서로 다른 지식과 이해를 가진 사람이 팀에 포함되면 더 좋습니다.

세 번째, '3개의 니즈를 비즈니스모델에 반영하라'는 것입니다. 니즈는 기업의 외부 환경 중에서 영향력 있는 변화와 주목할 만한 동향을 의미합니다. 비즈니스모델에 꼭 3개의 니즈를 반영하기보다는 최소한 3개라는 의미인 동시에 너무 많으면 초점을 잃게 된다는 교훈을 담은 것입니다.

네 번째, '3개의 시즈를 비즈니스모델에 활용하라'는 것입니다. 시즈는 기업이 보유한 자원과 역량 중에서 가치를 제공하고, 희소하면서도 모방하기 어려우며, 다른 사업으로 확장 가능한 것을 의미합니다. 니즈와 마찬가지로 3개 정도의 핵심적 시즈를 파악해 비즈니스모델에 활용하면 좋습니다.

다섯 번째, '혁신적인 다른 비즈니스모델을 벤치마킹하라'는 것입니다. 이 세상에는 멋진 비즈니스모델의 사례가 참 많습니다. 특히 동업종보다는 이업종에서, 단순한 모방보다는 창조적 모방을 통해서 기존 것보다 더 멋진 비즈니스모델을 디자인하면 좋습니다.

여섯 번째, '비즈니스모델의 여러 유형을 적용하라'는 것입니다. 플랫폼, 개방형, 무료형 등의 비즈니스모델 유형은 비즈니스모델을 디자인하는 일종의 툴 키트와 같습니다. 예를 들면 무료로 제공하면서 수익을 창출할 수는 없는지 등과 같은 문제를 해결하는 데 좋은 인사이트를 줍니다.

일곱 번째, '비즈니스모델은 가급적 단순하게 디자인하라'는 것입니다. 비즈니스모델을 군이 복잡하게 디자인할 필요는 없습니다. 불가

피한 경우에 필요한 만큼만 복잡하면 되는 것입니다. 이해관계자가 많고 구조가 복잡할수록 갈등과 오류가 발생할 가능성이 높아지기 때문입니다.

여덟 번째, '비즈니스모델의 다양한 프로토타입을 만들라'는 것입니다. 동일한 비즈니스 아이디어도 다양한 비즈니스모델로 전개할 수 있습니다. 하나의 비즈니스모델에 의존하지 말고 여러 대안을 디자인해 검증하면서 개선하는 절차를 거치면 좋습니다.

아홉 번째, '수익을 창출하는 메커니즘을 제시하라'는 것입니다. 투입되는 비용은 확실하고 막대하면서 기대되는 수익은 불확실하고 미미하다면 좋지 않을 것입니다. 단기적이건 장기적이건 수익을 창출하는 구조와 전망이 확실하게 보여야 합니다.

마지막으로, '이익 이상의 가치를 추구하라'는 것입니다. 비즈니스가 이익을 창출하는 것은 기본입니다만 이 과정에서 임금 착취, 성차별, 환경오염과 같은 문제를 유발해서는 안 됩니다. 비즈니스를 통해 사회공동체의 경제적·사회적·환경적 가치를 창출하고, 이것을 통해 다시 비즈니스가 확대되는 선순환까지 이룰 수 있다면 더욱 좋을 것입니다.

멋진 비즈니스모델을 디자인하라

새로운 비즈니스모델은 좌뇌의 분석과 우뇌의 창의를 결합한 과정을 통해 디자인하는 것입니다. 비즈니스모델을 디자인하는 역량은 다양한 이론, 기법, 사례, 그리고 실습을 통해 키울 수 있습니다. 노래를 듣고 부르기만 하던 사람이 작곡을 할 수 있게 되는 것처럼 말입니다. 여러분도 이런 학습을 통해 디자인 역량을 키우고 10가지의 요령을 적용해 멋진 비즈니스모델을 개발하기 바랍니다.

장수하는 혁신 기업의 비결과 과제

　멋진 비즈니스모델로 성공을 거둔 기업이라면 히말라야 고산 등정에서의 사고 가운데 48퍼센트가 정상을 정복한 직후에 발생한다는 점을 교훈으로 삼아야 할 것입니다.

　애플이 6월 말부터 아이폰을 판매하기 시작했던 2007년에 노키아는 회사 역사상 가장 많은 6,000만 대의 휴대폰을 판매해 49.3퍼센트의 시장점유율을 기록했습니다. 하지만 노키아는 2008년부터 급속하게 쇠락의 길을 걷게 됩니다. 2006년에 소니의 플레이스테이션2나 MS의 엑스박스와는 달리 남녀노소가 쉽게 즐길 수 있는 동작 인식 게임기를 출시한 닌텐도는 2009년에 1조 8,000억 원의 매출과 2,791억 원의 순이익을 기록했습니다. 그러나 2억 대 이상을 판매한 위^{Wii}와 DS에 집착해 모바일 플랫폼으로의 전환이 뒤처지면서 2011년에는 6,477억 원의 매출에 431억 원의 적자를 보게 됩니다.

　짐 콜린스$^{Jim \, Collins}$가 2001년에 출간한 저서 『좋은 기업을 넘어

위대한 기업으로Good to Great』에서 'Great'로 분류했던 회사가 몰락한 이유를 연구한 2009년 저서 『위대한 기업은 다 어디로 갔을까?How the Mighty Fall』에 따르면, 가장 중요한 이유는 성공에 대한 자만이었습니다. 과거의 성공에 안주하거나 과거의 방식에 집착하는 '성공의 함정'이 미래의 성공에 가장 큰 장애물이 된다는 것입니다. 그런 점에서 교세라의 창업주인 이나모리 가즈오稲盛和夫가 "내 성공의 비결은 지난 성공을 빨리 잊는 것이다"라고 한 말이 큰 울림을 줍니다.

Always in Beta!

비즈니스모델은 기술, 프로세스 및 제품에 비해 널리 활용되지 못한 혁신의 원천이고, 쉽게 복제하기 어려운 차별화의 원천이며, 경영성과에 미치는 영향이 큰 경쟁력의 원천입니다. 그러나 아무리 혁신적인 비즈니스모델이라고 해도 기술이나 제품과 마찬가지로 머지않아 모방이 나타나거나 새로운 비즈니스모델로 인해 도태됩니다. 따라서 장수하는 혁신 기업이 되기 위해서는 전략적 변곡점을 맞이할 때마다 지속적으로 비즈니스모델을 재편해야 합니다. 그래서 애플, 구글, 아마존, 넷플릭스를 비롯해 많은 혁신 기업은 '항상 베타Always in Beta'라는 인식을 바탕으로 지속적으로 비즈니스모델을 개선하고 혁신하기 위해 노력을 기울이고 있습니다.

베타버전^{beta version}은 소프트웨어나 하드웨어가 출시되기 전에 일반인에게 무료로 배포해 시장의 반응을 살피고 오류를 수정해 피드백하기 위한 출시 직전 단계의 제품이나 서비스를 의미합니다. 비즈니스모델도 항상 개선하고 혁신해야 할 베타버전의 상태로 유지해야 한다는 것입니다. 스티브 잡스는 "스스로 잠식하지 않으면 잠식당하고 말것이다"라고 했습니다. 아이팟에 악영향을 미칠 것이라는 생각에 아이폰의 개발과 출시를 주저했다면 다른 회사가 그것을 했을 것이고, 애플은 세계 최고의 회사가 되지 못했을 것입니다. 수많은 혁신과 도약의 출발점은 지금 성공하고 있는 것을 스스로 와해시키는 일에서 시작됩니다.

1881년에 설립되어 1900년에 컬러 필름을 개발하고, 1975년에 세계 최초로 디지털카메라 기술을 개발한 코닥은 필름 사업을 보호하기 위해 디지털카메라 사업에 주저했습니다. 결국 코닥은 2010년에 S&P 지수에서 제외되고, 2012년에는 파산보호를 신청하는 몰락의 길을 걷게 됩니다.

기존 비즈니스모델이 더 이상 유효하지 않다고 생각될 때 새로운 비즈니스모델의 개발에 착수하는 것은 너무 늦은 일이거나 또는 하기 힘든 일이 되는 경우가 많습니다. 비즈니스모델의 본격적인 성과가 나타나는 바로 그 시점부터 다음 단계의 비즈니스모델을 구상해야 합니다. 그리고 그 비즈니스모델이 쇠퇴기에 접어들거나 완전히 경쟁력을 상실하기 전에 새로운 비즈니스모델로 전환함으로써 지속적인 성장을

비즈니스모델 4.0

이루어야 합니다.

　이러한 점에서 비즈니스모델을 다루는 기업의 수준을 4단계로 구분할 수 있습니다. 1단계는 단순히 제품 중심적인 접근을 하는 수준입니다. 2단계는 비즈니스모델을 구성하는 요소를 개별적으로 점검하는 수준입니다. 3단계는 비즈니스모델의 구성 요소를 시너지가 창출되는 하나의 패턴으로 완성하는 수준입니다. 그리고 마지막 4단계는 비즈니스모델의 지속적인 혁신을 추진하는 수준입니다. 여러분의 회사는 어떤 수준에 도달해 있습니까?

저성장·대변혁의 파고를 넘는 비즈니스모델 혁신

　역사적으로 살펴보면, 많은 사람들이 이 산업은 더 이상 발전하기 어렵다고 생각하거나, 저 회사는 도저히 이기기 어렵다고 생각할 때에도 새로운 혁신과 새로운 강자가 등장합니다. 즉 모든 산업과 모든 회사에 항상 새로운 기회가 열려 있는 것입니다. 모든 기업은 '고객에게 창출하는 가치, 가치를 전달하는 활동, 수익을 획득하는 구조'라는 비즈니스모델의 구성 요소별로 항상 혁신을 탐색해야 합니다. 그리고 매년 올해의 비즈니스모델이 유효할지, 이제 새로운 변화가 필요한 것은 아닌지를 검토하고, 늦기 전에 새로운 비즈니스모델로 전환하기 위한 전략적인 준비를 해야 합니다. 그런 의미에서 비즈니스모델 혁신은 전략부서나 경영층에 의한 전문적이고 주기적인 업무가 아니라, 모든 부서와 모든 조직 구성원에 의해 전사적이고 일상적인 업무로서 추진되어야 합니다.

필자는 독자에게 "여러분은 어떠한 전략적 도구를 사용하십니까?"라는 마지막 질문을 던지고자 합니다. 가지고 있는 도구가 해머밖에 없는 사람은 모든 것을 못처럼 두드린다는 말이 있습니다. 어떤 때는 망치로 박아야 하지만, 또 어떤 때는 다른 도구로 뽑고 자르고 구부려야 합니다. 비즈니스도 마찬가지입니다. 경쟁에서 이기기 위해서는 원가가 중요할 때도 있고, 품질이 중요할 때도 있지만, 비즈니스모델이 중요할 때도 있습니다. 특히 저성장과 대변혁이 본격화되면서 비즈니스모델의 중요성이 더욱 부각되고 있는 지금, 과거의 관점에만 머물러 있어서는 안 될 것입니다. 물론 비즈니스모델 혁신이 만병통치약은 아닙니다. 어떤 기업은 기술이, 어떤 기업은 원가가, 어떤 기업은 품질이, 어떤 기업은 제품이 더 중요할 것입니다. 그러나 비즈니스모델의 개념을 모른 채 기술, 원가, 품질 및 제품만을 강조한다면 중요한 무기 하나를 가지지 못한 채 싸우는 것이라고 할 수 있습니다.

제3차 산업혁명은 인터넷과 디지털화를 중심으로 '새로운 비즈니스모델의 3차 빅뱅'이 되었고, 제4차 산업혁명은 초연결과 초지능 및 융복합 기술로 '새로운 비즈니스모델의 4차 빅뱅'이 되고 있습니다. 세계경제포럼의 설립자인 클라우스 슈밥은 '제4차 산업혁명'을 주제로 한 2016년의 포럼을 정리한 책에서 "끊임없이 학습하고 적응하면서 성공적인 비즈니스모델을 구축하는 능력이 차세대 리더의 잣대가 될 것이다"라고 했습니다. 이러한 관점에서 비즈니스모델 혁신은 우리나라 기업과 사업가들에게 새로운 시각과 영감을 줄 수 있는 전략적 비결인 동시에 과제인 것은 분명합니다. 이 책을 읽으신 독자 모두가 멋진 비즈니스모델로 성공하기를 응원하면서 이 글을 마칩니다.

2019년 벚꽃이 피는 길목에서

박대순

참고문헌

김영배·정구현·박대순 외, 『혁신의 시간』, 알에이치코리아, 2016.

신현암·이방실, 『빅프라핏』, 흐름출판, 2017.

이승일, 「소비 수요 창조의 일곱 가지 패턴」, *LG Business Insight*, January 2014.

최병삼·김창욱·조원영, 『플랫폼, 경영을 바꾸다』, 삼성경제연구소, 2014.

IGM세계경영연구원, 『팔리지 않으면 크리에이티브가 아니다』, IGM세계경영연구원, 2012.

Adrian J. Slywotzky, David J. Morrison & Bob Andelman, 이상욱 옮김, 『수익지대』, 세종연구원, 2005.

Adrian J. Slywotzky & Karl Weber, 유정식 옮김, 『디맨드』, 다산북스, 2012.

Alexander Osterwalder & Yves Pigneur, 유효상 옮김, 『비즈니스모델의 탄생』, 타임비즈, 2010.

Alexander Osterwalder, Yves Pigneur, Greg Bernarda & Alan Smith, 조자현 옮김, 『밸류 프로포지션 디자인』, 아르고나인미디어그룹, 2016.

Avinash K. Dixit & Barry J. Nalebuff, 이건식 옮김, 『전략의 탄생』, 쌤앤파커스, 2009.

Clayton M. Christensen, 이진원 옮김, 『혁신 기업의 딜레마』, 세종서적, 2009.

Gary Hamel & C. K. Prahalad, 김소희 옮김, 『시대를 앞서는 미래경쟁전략』, 21세기북스, 2011.

Geoffrey G. Parker, Marshall W. Van Alstyne & Sangeet Paul Choudary, 이현경 옮김, 『플랫폼 레볼루션』, 부키, 2017.

Jeremy Rifkin, 안진환 옮김, 『한계비용 제로 사회』, 민음사, 2014.

Klaus Schwab, 송경진 옮김, 『클라우스 슈밥의 제4차 산업혁명』, 메가스터디, 2016.

Koji Mitani, 전경아 옮김, 『세상을 바꾼 비즈니스모델 70』, 더난콘텐츠그룹, 2015.

Larry Keeley, Helen Walters, Ryan Pikkel & Brian Quinn, 유효상 옮김, 『비즈니스모델의 혁신』, 마로니에북스, 2013.

Masanao Kawakami, 김윤경 옮김, 『모델』, 다산북스, 2016.

Peter Fisk, 장진영 옮김, 『게임체인저』, 인사이트앤뷰, 2015.

Vivek Wadhwa & Alex Salkever, 차백만 옮김, 『선택 가능한 미래』, 아날로그, 2017.

W. Chan Kim & Renee Mauborgne, 김현정·이수경 옮김, 『블루오션 전략』 확장판, 교보문고, 2015.

William Poundstone, 최정규·하승아 옮김, 『가격은 없다』, 동녘사이언스, 2011.

Alfred D. Chandler, JR., *Strategy and Structure: Chapters in the History of the American Industrial Enterprise*, MIT Press, 1962.

Chris Anderson, *The Long Tail: Why the Future of Business is Selling Less of More*, SmarterComics, 2011.

Christoph Zott, Raphael Amit & Lorenzo Massa, "The Business Model: Recent Developments and Future Research," *Journal of Management*, July 2011.

Clayton M. Christensen, Taddy Hall, Karen Dillon & David S. Duncan, "Know Your Customers' Jobs-to-Be-Done," *Harvard Business Review*, September 2016.

Constantinos Markides, "Strategic Innovation", *Sloan Management Review*, Spring 1997.

Henry W. Chesbrough, *Open Innovation: The New Imperative for Creating and Profiting from Technology*, Harvard Business School Press, 2005.

IBM, *Expanding the Innovation Horizon*, The IBM Global CEO Study, 2006.

IBM, *Redefining Boundaries: Insights from the Global C-suite Study*, The IBM Global C-suite Study, 2015.

Jens-Olaf Berwig, Nathan Marston, Lauri Pukkinen & Lothar Stein, "What Matters: Innovation: What's your score?," *McKinsey Quarterly*, September 2009.

Jim Collins, *How the Mighty Fall: And Why Some Companies Never Give In*, Collins Business Essentials, 2009.

Mark W. Johnson, Clayton M. Christensen & Henning Kagermann, "Reinventing Your Business Model," *Harvard Business Review*, December 2008.

Michael E. Porter, *Competitive Advantage*, The Free Press, 1985.

Michael E. Porter, *Competitive Strategy*, The Free Press, 1980.

Michael E. Porter & Mark R. Cramer, "Creating Shared Value", *Harvard Business Review*, January-February 2011.

Philip Kotler, *Hermawan Kartajaya & Iwan Setiawan, Marketing 3.0: From Products to Customers to the Human Spirit*, John Wiley & Sons, Inc., 2010.

Steve Blank, "Why the Lean Start-Up Changes Everything," *Harvard Business Review*, May 2013.

The Economist Intelligence Unit, "Business 2010: Embracing the challenge of change", *EIU White Paper*, 2005.

Zhenya Lindgardt, Martin Reeves, George Stalk & Michael Deimler, "Business Model Innovation: When the Game Gets Tough, Change the Game," *BCG Senior Management Survey*, December 2009.

삼성경제연구소, www.seri.org
위클리비즈, weeklybiz.chosun.com
인터비즈, blog.naver.com/businessinsight
포스코경영연구원, www.posri.re.kr
현대경제연구원, www.hri.co.kr
KT경제경영연구소, www.digieco.co.kr
LG경제연구원, www.lgeri.com
SERICEO, www.sericeo.org
SERIPro, www.seripro.org

CBInsights, www.cbinsights.com
CoolBusinessIdeas.com, www.coolbusinessideas.com
Crunchbase, www.crunchbase.com
FastCompany, www.fastcompany.com
Kickstarter, www.kickstarter.com
Springwise, www.springwise.com
TED, www.ted.com
각 사례 기업의 홈페이지 및 연차 보고서

사진 출처

자크 루이 다비드의 〈사비니 여인들의 중재〉, commons.wikimedia.org/wiki/File:The_Intervention_
 of_the_Sabine_Women.jpg
아이팟의 1세대 모델, support.apple.com/en-us/HT204217
캘러웨이의 드라이버 '빅버사 460', www.callawaygolfkorea.co.kr/product/clubs/666
GE의 초음파진단기, www.gehealthcare.com/en/products/ultrasound/vscan-family/vscan
뉴욕의 엠앤엠즈월드, www.flickr.com/photos/zeeyolqpictures/6795801244
털모자를 쓴 이노센트의 스무디, www.flickr.com/photos/betsyweber/10925593193
코카콜라의 '오픈 해피니스' 캠페인 광고, www.flickr.com/photos/ell-r-brown/5300127583
뉴욕 링컨센터의 메트로폴리탄 오페라, www.flickr.com/photos/smoovey/3490669370
로고가 박힌 옷을 입은 HOG, www.pexels.com/photo/photo-of-people-riding-motorcycles-on-
 road-1796095
로모의 'LC-A' 카메라, commons.wikimedia.org/wiki/File:Lomo_LCA.jpg
아지노모토의 MSG 조미료, commons.wikimedia.org/wiki/File:AJI-NO-MOTO_70g_20170121.
 png
포니익스프레스의 구인 광고, commons.wikimedia.org/wiki/File:Pony_ExpressAdvert.jpg
하코그룹의 청소차 'CM2000', commons.wikimedia.org/wiki/File:Hako_Citymaster_2000.jpg
영화 〈뷰티플 마인드〉, www.flickr.com/photos/jdxyw/4845691040
후안발데스의 커피 카페, commons.wikimedia.org/wiki/File:Local_JV_cc_Centro_Mayor_.jpg
알디의 영국 리버풀 매장, commons.wikimedia.org/wiki/File:Aldi,_Old_Swan.jpg
타타의 스와치 정수기, tataswach.com/products/tata-swach-smart
새롬기술의 다이얼패드, prod.danawa.com/info/?pcode=231343
세계 최초의 항공사 KLM, pxhere.com/en/photo/69399
영국의 록밴드 라디오헤드, commons.wikimedia.org/wiki/Radiohead#/media/File:Radiohead.jpg
아마존 북스의 티가드 매장, commons.wikimedia.org/wiki/File:Amazon_Books_at_Washington_
 Square_-_Tigard,_Oregon_(2017).jpg

일본 이나카다테의 라이스코드, commons.wikimedia.org/wiki/File:Inakadate-mura_Rice_Art_
    Harvest_2010_ (5206723364).jpg
대만 TCC의 화롄 시멘트 공장, commons.wikimedia.org/wiki/File:Hoping_Taiwan-Cement-
    Corporation-Hoping-Plant-01.jpg
2016년 게임개발자회의의 언리얼 엔진 세션, commons.wikimedia.org/wiki/File:Unreal_Engine_
    GDC_2016.jpg
하기스의 트윗피, www.huggies.com.br
데아고스티니의 밀레니엄 팔콘, www.flickr.com/photos/virtualwolf/16585859344
게임으로 만들어진 〈스타워즈〉, www.flickr.com/photos/thegametipsandmoreblog/39646373482
워드프레스 테마를 판매하는 블로그, www.flickr.com/photos/zergev/8431520460
피푸를 사용하는 모습, commons.wikimedia.org/wiki/File:How_to_Use_Peepoo(1)_(6082003745).jpg
스와치 시계의 광고, vimeo.com/255385806
태양의 서커스 〈토룩〉의 한 장면, www.flickr.com/photos/bytemarks/5086423887
그래피티로 그려진 냅스터 로고, www.flickr.com/photos/bixentro/2266349783
레고의 조립 로봇 '마인드스톰 NXT', commons.wikimedia.org/wiki/File:Lego_Mindstorms_Nxt-
    FLL.jpg
베조스 냅킨 다이어그램, www.amazon.com
중국 선전에 위치한 텐센트 본사, commons.wikimedia.org/wiki/File:Tencent_Headquarters.jpg
아라빈드 안과병원의 수술 장면, commons.wikimedia.org/wiki/File:12_Operating_Room_
    Aravind.jpg
라이너스 폴링, commons.wikimedia.org/wiki/File:Linus_Pauling_with_rope.jpg
슈퍼셀의 비디오게임 〈클래시오브클랜스〉, www.flickr.com/photos/85217387@N04/8638067405
호주의 그랜드하얏트멜버른 호텔, commons.wikimedia.org/wiki/File:Grand_Hyatt_Melbourne.JPG
웹밴의 배송 차량, commons.wikimedia.org/wiki/File:Webvan.jpg
집카의 공유 차량과 주차장, www.flickr.com/photos/gotovan/27886975043
이원의 브래들리 타임피스, www.flickr.com/photos/schill/31523291325
브리티시항공의 초음속 여객기 콩코드, www.flickr.com/photos/33465428@N02/4295483035/in/
    photostream/
글로벌 소셜 미디어로 부상한 링크드인, pxhere.com/en/photo/1028519
캔버스를 이용한 비즈니스모델 디자인, www.flickr.com/photos/liftconference/33422592971

비즈니스모델 4.0

초판 1쇄 발행 2019년 5월 10일
초판 2쇄 발행 2019년 8월 26일

지 은 이 박대순
발 행 인 김종립
발 행 처 KMAC
편 집 장 김종운
책임편집 최주한
홍보·마케팅 김선정, 박예진, 이동언
디 자 인 이든디자인
출판등록 1991년 10월 15일 제1991-000016호
주　　소 서울 영등포구 여의공원로 101, 8층
문의전화 02-3786-0752 **팩스** 02-3786-0107
홈페이지 http://kmacbook.kmac.co.kr

ⓒKMAC, 2019
ISBN 978-89-90701-03-9 13320

값 16,000원
잘못된 책은 바꾸어 드립니다.

이 도서의 국립중앙도서관 출판예정도서목록(CIP)은 서지정보유통지원시스템 홈페이지(http://seoji.nl.go.kr)와
국가자료공동목록시스템(http://www.nl.go.kr/kolisnet)에서 이용하실 수 있습니다.(CIP제어번호 : CIP2019017032)